Nana Claudia Nenzel

Toscana

Inhalt

Toscana – Schlaraffenland für Genießer	6

Landhotels und Villen

Rund um Florenz   12

1	*Villa San Michele, Fiesole*	12
2	*Villa La Massa, Florenz*	14
3	*Collefertile bei Borgo San Lorenzo*	16
4	*Paggeria Medicea, Artimino*	18

Rund um Lucca, Garfagnana & Versilia   20

5	*Villa Alessandra bei Lucca*	20
6	*San Lorenzo bei Pescia*	22
7	*Villa Ariston, Lido di Camaiore*	24
8	*Villa Gli Astri bei Camaiore*	26
9	*Andia Paradiso bei San Marcello Pistoiese*	28

Siena & Chianti   30

10	*Certosa di Maggiano, Siena*	30
11	*Villa Scacciapensierei, Siena*	32
12	*Villa Patrizia, Siena*	34
13	*Monteriggioni, Monteriggioni*	36
14	*Villa Il Leccio, Strada in Chianti*	38
15	*Villa San Lucchese bei Poggibonsi*	40
16	*Borgo Pretale bei Sovicille*	42
17	*Borgo di Toiano bei Sovicille*	44

18	L'Ultimo Mulino bei Gaiole in Chianti	46
19	Castello di Spaltenna bei Gaiole in Chianti	48
20	Albergo del Chianti, Greve in Chianti	50
21	Borgo San Felice bei Castelnuovo Berardegna	52
22	Vignale in Radda in Chianti	54
23	Salivolpi bei Castellina in Chianti	56
24	Belvedere San Leonino bei Castellina in Chianti	58
25	Villa Casalecchi, Castellina	60

Westlich von Siena (mit San Gimignano und Volterra) 62

26	Pescille bei San Gimignano	62
27	Villa Rioddi bei Volterra	64
28	Relais La Suvera, Pievescola/Casole Val d'Elsa	66
29	Palazzo Mannaioni, Montaione	68

Casentino & Val di Chiana bis Montalcino 70

30	Villa Rigacci in Regello bei Arezzo	70
31	Il Falconiere bei Cortona	72
32	Locanda dell'Amorosa bei Monte Sansovino	74
33	Il Chiostro di Pienza, Pienza	76
34	La Palazzina, Loc. Le Vigne bei Radicofani	78

Maremma-Küste & Hinterland 80

35	Villa Godilonda, Castiglioncello	80
36	Agrihotel Elisabetta bei Cécina	82
37	Tenuta La Bandita bei Sassetta	84
38	Montebelli bei Caldana-Gavorrano	86
39	Antica Fattoria La Parrina bei Albinia	88
40	Il Pellicano, Porto Ercole	90

Restaurants und Land-Trattorien

Zwischen Florenz und Siena (mit Chianti) — 98

- Tipp: Lokale in Florenz — 98
- 1 La Casellina bei Pontassieve — 100
- 2 Osteria Girodibacco, Cafaggiolo — 102
- 3 Da Delfina, Artimino — 103
- 4 La Tenda Rossa, Cerbaia — 104
- 5 La Cantinetta del Nonno, San Casciano Val di Pesa — 106
- 6 Osteria del Vicario, Certaldo — 107
- 7 L'Antica Trattoria, Colle Val d'Elsa — 108
- 8 La Cantinetta di Rignana bei Greve in Chianti — 109
- 9 L'Osteria, Baddiaccia a Montemuro bei Radda in Chianti — 110
- 10 Il Pestello bei Castellina in Chianti — 111
- 11 L'Albergaccio, Castellina in Chianti — 112
- 12 Badia a Coltibuono bei Gaiole in Chianti — 113
- 13 Il Pozzo, Monteriggioni — 114
- 14 Antica Trattoria Papei, Siena — 115

Casentino & Val di Chiana mit Montalcino — 116

- 15 Castello di Sorci bei Anghiari — 116
- 16 Da Ventura, Sansepolcro — 117
- 17 Relais il Falconiere bei Cortona — 118
- 18 La Torre, Monte Oliveto Maggiore — 119
- 19 La Romita, Montisi — 120
- 20 La Chiusa, Montefollónico — 121
- 21 Taverla di Moranda, Montichiello — 122
- 22 La Grotta, San Biagio bei Montepulciano — 123
- 23 Poggio Antico bei Montalcino — 124
- 24 Osteria del Bassomondo, Castelnuovo dell'Abate bei Montalcino — 125
- 25 Il Pozzo, Sant' Angelo in Colle bei Montalcino — 126

Die Maremma und ihre Küste 127

- **26** *Il Mulino, Semproniano* — 127
- **27** *Il Tufo Alegro, Pitigliano* — 128
- **28** *La Cantina, Scansano* — 129
- **29** *Antica Trattoria Aurora, Magliano in Toscana* — 130
- **30** *Bracali, Ghirlanda bei Massa Marittima* — 131
- **31** *Da Maria, Capalbio* — 132
- **32** *Gambero Rosso, San Vincenzo* — 133
- **33** *Bagnoli bei Castagneto Carducci* — 134
- **34** *Gattabuia, Rosignano Marittimo* — 135
- **35** *Nonna Isola, Castiglioncello* — 136

Versilia-Küste, Apuanische Alpen und Garfagnana 137

- **36** *Romano, Viareggio* — 137
- **37** *Le Monache, Camaiore* — 138
- **38** *La Dogana, Cappezzano Pianore bei Camaiore* — 139
- **39** *Da Venanzio, Colonnata* — 140
- **40** *Al Ritrovo del Platano, Gallicano bei Castelnuovo Garfagnana* — 141

Einkaufen

Culinaria — 146
Alles für Haus und Garten — 156
Mode, Lederwaren und Schmuck — 160

Kulinarischer Sprachführer 162

Tipps & Adressen — 172
Reiseservice — 174
Register — 176
Abbildungsnachweis — 179

Toscana
Schlaraffenland für Genießer

»Die angenehmen Dinge des Lebens sind entweder illegal, amoralisch oder machen fett.«

G. B. Shaw

Keine andere Region Italiens weckt so viele Sehnsüchte wie die Toscana, dieses ›Herzstück‹ des Stiefellandes. Und das Frappierende ist, dass es kaum jemandem genügt, schon einmal da gewesen zu sein – man möchte immer wieder kommen, in ›seine‹ Toscana, in das Stück Idylle, das man für sich selber entdeckt hat. Also gar nicht so sehr auf der Suche nach Neuem, das man dennoch mit jeder Reise in die Toscana finden dürfte. Für sich ganz allein.

Ist es eine steile Steintreppe mit knallroten Geranien in einem winzigen Dorf, dessen Gassen schon frühmorgens vom Duft des frischen Brotes oder des Espresso erfüllt sind? Oder ist es die zarte Silhouette dreier Zypressen, die einen sanften Crete-Hügel bekrönen, eine ganze Zypressenallee, die aus scheinbar unerfindlichen Gründen einen oder gar mehrere Knicke macht und so wie von Malerhand die Landschaft gestaltet? Ist es das typisch toscanische, kleine Bauernhaus mit seiner Colombaia obendrauf, die kaum noch der Taubenhaltung dient und doch als architektonisches Merkmal der ländlichen Toscana kaum wegzudenken ist wie die prächtigen Burgen und Schlösser, die vor allem das Herz der Chianti-Reisenden erfreuen. Um so mehr, als dass sie in den letzten Jahren vielfach zu Nobelherbergen oder schlichten Ferienbleiben umfunktioniert wurden, ihre eigenen Produkte, wozu an allererster Stelle Wein und Olivenöl genannt werden müssen, anbieten und somit beim Einkauf auch die Möglichkeit, einen mehr oder weniger intensiven Einblick in ihre Räumlichkeiten und häufig weitläufigen Ländereien.

Die meisten Sehnsüchte erweckt die ländliche Toscana, ob das viel besungene Weinland des Chianti, die waldreiche Küste der Maremma, die Val di Chiana mit ihren schönen Städtchen etruskischen Ursprungs. Noch auf Entdeckung wartet die walddunkle und wasserreiche Garfagnana, die fast zierliche Montagnola südwestlich von Siena, und erst recht das Casentino am Oberlauf von Arno und Tiber. Toscana Minore nennt man diese und so manche andere, noch nicht allgemein bekannte Gebiete der Region, die jedoch jeden Ausflug, jeden Aufenthalt lohnen.

Edel wie ihre Paläste geben sich die großen historischen Zentren mit ihren unermesslichen Kunstschätzen. Ob die von der Renaissance geprägte Regionalhauptstadt Florenz oder ihre ewige, gotisch-feine Widersacherin Siena, ob das lebenswerte Arezzo mit seinen berühmten Antiquitätenmärkten oder das feine Lucca innerhalb der schönsten Backsteinmauern, Pisa mit seiner wahrlich großartigen Piazza dei Miracoli mitsamt schiefem Turm, Pistoia mit seinem Domplatz, der einem Schatzkästlein gleicht. Dann

Schlaraffenland für Genießer

Die perfekte Idylle: Borgo di Pretale, Sovicille

Kleinodien urbaner Architektur wie Pienza, Montepulciano oder Montalcino in der südöstlichen Toscana oder auf Tuffplateaus hockende etruksische Städtchen wie Sovana oder Pitigliano. San Gimignano steht fast schon als Synonym für Geschlechtertürme und ›toscanische Kleinstadt‹, das benachbarte Volterra für die Macht der mittelalterlichen Kommunen.

Das sind nicht nur wunderbare Ausflugsziele für Freunde der ländlichen Toscana, sondern vielfach auch die unglaublich schöne Kulisse für ihre ausgewählte Bleibe, ob Bauernhaus oder Landhotel. Man wird hier kaum ein Haus finden, das sich nicht dem selbst auferlegten – und später manifestierten – Gesetz der Toscana ›beugt‹ und aus Naturstein gebaut oder sich in den sanften Farben seiner Umgebung als feinere Villa präsentiert. Nichts scheint die Natur zu stören, auch wenn diese in der Toscana ausgesprochen von Menschenhand geformt wurde mit ihren geraden Rebreihen und silberglänzenden Ölbaumkulturen, den weiten Schafweiden und sommerlich-bunten Sonnenblumen- oder Mohnfeldern. Keine Frage: Eine Toscana-Reise ohne Fotoapparat dürfte kaum stattfinden, will doch jeder seine Toscana auch bildlich festhalten, nicht nur im Herzen und mit allen Sinnen. Zu Letzteren gehören natürlich die leiblichen Genüsse Essen und Trinken. Und wo käme man mehr auf seine Kosten als in der Region Italiens, der Europa und die Welt die wohl schmackhafteste Küche verdanken, deren Ursprünge sowohl in der bäuerlich-deftigen als auch in der höfisch-feinen liegen? Ganz gleich, was eine toscanische Hausfrau oder ein toscanischer Koch auftischen: Die Zutaten sind garantiert frisch und sorgfältig ausgewählt, auf handwerklich perfekte Zubereitung wird zu Hause wie in den Restaurants geachtet und der kredenzte Wein stammt mit wenigen Ausnahmen aus der Toscana, nicht selten vom eigenen Weingut. Die Toscana hat schließlich mehr zu bieten als ›nur‹ den viel besungenen Chianti-Wein.

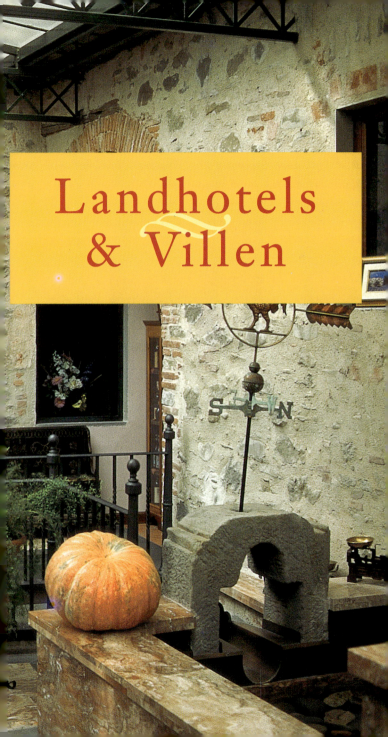

Landhotels & Villen

Landhotels & Villen

Die meisten der fast neun Millionen Ausländer, die alljährlich ihren Urlaub in der Toscana verbringen, zieht es in ein Ferienhaus. Das buchen sie mit Vorliebe im Chianti oder in der meernahen Maremma im Südwesten der Region. Andere leisten sich einen wahren Verwöhn-Urlaub in einem Landhotel, auf einer Burg oder in einem Schloss.

Meist werden die Häuser von den Besitzerfamilien selber geführt, auch manche der so feinen Herbergen wie die zu den Relais & Chateaux gehörenden, die freilich ihren Preis haben. Doch auch schlichtere Landhotels hat die Toscana in großer Anzahl zu bieten.

Wer auch immer mir bei der Auswahl beratend zur Seite stand, war der Meinung, »aber dieses Hotel muss auch unbedingt rein«... Daher vorweg: Es ist eine ganz persönliche Auswahl von Häusern, in denen ich mich auf meinen Toscana-Reisen besonders wohl gefühlt habe. Und zwar in fast jeder Kategorie. Das bedeutet: Echt toscanische ländliche Idylle ist für wirklich jeden Geldbeutel zu haben. Bewusst wurden größere Städte wie Florenz und Siena ausgeklammert, dafür ein paar möglichst stadtnahe Häuser gewählt, die einen unkomplizierten Transfer in die ›City‹ ermöglichen, wenn man Urbanes schnuppern möchte.

In der Toscana kann das moderne Zauberwort Agriturismo durchaus täuschen, allerdings im besten Sinne: Es ist nicht alles einfach, was mit eigener Wein- oder Olivenölproduktion einhergeht oder auf einem ökologisch geführten Landgut geboten wird. So manches Landhotel größeren Häusern oder in den ganz feinen freilich von ausgesuchtem Fachpersonal, das ebenfalls nur selten die Pfade der reinen toscanischen Kochkunst verlässt.

Auch sportliche Gäste kommen auf ihre Kosten, wenn sie etwa einen Reiterhof als Urlaubsdomizil wählen, die

Certosa di Maggiano: Das ehemalige Kloster bei Siena ist heute ein ganz feines Hotel

wird sich als feine Villa inmitten eines ausgedehnten landwirtschaftlichen Anwesens entpuppen – nicht zwangsläufig zum Schaden der Gäste.

Keine Frage, dass die ausgewählten Häuser in den schönsten toscanischen Landschaften stehen. Ob nahe den weiblich-runden und meist nackten Hügeln der Crete, inmitten der waldreichen Maremma oder der Weinberge des Chianti, in der nördlichen, an Kastanien reichen Garfagnana oder in Küstennähe. Doch nicht nur die Umgebung, das Ambiente und der häufig liebevolle ›Familienanschluss‹ sind maßgebend. Manchmal wird man von der Besitzerfamilie oder deren Freunden selber bekocht, in

Nähe zu einem Golfplatz oder zum Meer. Um die Toscana auf ›Schusters Rappen‹ zu erkunden, bietet sich die Garfagnana im Norden an, die noch wenig bekannte Montagnola nahe Siena, natürlich das Chianti im Herzen der Region oder weiter südlich das Gebiet rund um den höchsten Berg der Toscana, den Monte Amiata. Auch nicht zu verachten ist das Casentino nördlich von Arezzo. Erfreulich ist die Tendenz so mancher Landhausbesitzer, mit ihren Gästen die eigene Umgebung zu Fuß zu erkunden. Da ist man in jedem Fall gut beraten, vorab fleissig Italienisch zu üben, denn nur in wenigen Häusern wird auch Deutsch gesprochen.

Villa San Michele

Karte: E 4/5
Via Doccia 4
50014 Fiesole (FI)
Tel. 055 5678200
Fax 055 5678250
Internet: www.orientexpresshotels.com
E-Mail: reservation@villasanmichele.net
Reservierung auch über: The Leading Hotels of the World (D: 0130852110, A: 06605284, CH: 1551123)
Kreditkarten: alle gängigen
März bis November geöffnet

Preise (nur Halbpension): EZ 740 000 ITL, DZ je nach Standard ab 1,43 Mio. ITL, Junior-Suiten 2,36 Mio.–2,62 Mio. ITL, Suiten 3 Mio. ITL.

Anfahrt: Ausfahrt Autobahn Florenz-Süd, dann auf der Straße nach Fiesole auf Hinweise nach rechts achten.

Das Hotel: Die Villa San Michele gilt als *d a s* Traumhotel der Toscana, und wegen der Hochpreisigkeit dürfte es für die meisten Toscana-Reisenden tatsächlich nur ein Traum bleiben. Einmalig ist die Lage zwischen Florenz und Fiesole, mit einem wahrlich traumhaften Blick über die toscanische Metropole. Die Wurzeln des früheren Franziskanerklosters gehen auf das 15. Jh. zurück, ein Jahrhundert später soll Michelangelo im Zuge der Klostererweiterungen die Pläne für die schlichte Fassade an der Stirnseite und die Loggia an der Südseite geschaffen haben – ihre reinen Renaissanceformen sprechen zumindest für seine Schule. So verwundert es nicht, dass die Prachtsuite (Raumlänge ca. 16 m!), mit zwei weiteren Einheiten zur Präsidentensuite zu kombinieren, unter der Ziffer VIII den Namen Michelangelo trägt. Kein Geringerer als Bill Clinton hat in jüngster Zeit darin genächtigt.

Von den 41 Zimmern sind 25 Doppelzimmer unterschiedlichen Standards, zwölf Junior-Suiten und drei echte, großräumige Suiten wie eben Michelangelos, allesamt nicht mit den üblichen arabischen Ziffern, sondern mit römischen zu finden. Wohl dem, der sich auch XL aus der Schule herüber retten konnte, wenn er nach der – modernen – Suite Nummer 40 sucht, die unterhalb des Pools neben ein paar anderen später in den Felsen hinein geschlagen wurde. Diese hat den schönsten Vorgarten mit einem zauberhaften Florenz-Blick. Von ganz besonderem Zauber sind die beiden Suiten in der früheren Limoanaia ein wenig abseits der Villa und am Rande des gepflegten italienischen Gartens, der sich tief in den Wald hinein zieht, wo auch die einsame Kapelle (Nummer 41, warum auch immer: diesmal nicht römisch) steht – darin *d i e* Hochzeitssuite überhaupt! Alle Zimmer und Suiten haben große Bäder, teils mit Hydromassagewannen und sind mit Minibar und Safe, SAT-TV, Klimaanlage und Heizung ausgestattet.

In der Hauptvilla befinden sich die prachtvollen Aufenthaltsräume, die zum größten Teil dem leiblichen Wohl vorbehalten sind: darunter das frühere Cenacolo als Winterrestaurant, daran anschließend die beiden früheren Kreuzgänge, jeweils unter Glasdach, das Chiostro Grande als Frühstücksraum, in dem ein großes Büffett aufgetischt wird. Non plus ultra freilich bleibt, sobald es das Wetter erlaubt, die Loggia, nach der das Restaurant benannt ist, das nicht nur die Hausgäste mit toscanischen und italienischen Spezialitäten verwöhnt. Da normalerweise mit Halbpension gebucht wird, bleibt man sozusagen unter sich. Auch später am Abend, wenn ein Pianist aufspielt. – Ganz wichtig: Mehrmals täglich Transfer nach Florenz, nahe dem Bahnhof.

Restaurants in Florenz: s. S. 98

Besichtigung: Natürlich das quirlige Florenz mit seinen Museen und Galerien (u.a. Uffizien, Accademia, Bargello), Kirchen und Klöstern (u.a. Duomo Santa Maria dei Fiori, Santa Maria Novella mit dem Chiostro Verde, San Lorenzo, Santa Croce, San Miniato al Monte), aber auch Fiesole mit dem etruskisch-römischen Ausgrabungsfeld und der Klosterkirche San Francesco.

Tipp

Eintrittskarten für Museen

Wer sich die Wartezeit vor den Kassen der staatlichen Museen von Florenz ersparen möchte, sollte sich schon vor der Reise für den Besuch von Uffizien und Accademia, von San Marco und Bargello, Museo Archeologico, des Gesamtkomplexes des Palazzo Pitti, des Museo Davanzati und des Opificio delle Pietre Dure anmelden: Tel. 0039 055 294883 (Mo–Fr 8.30–18.30 und Sa 8.30–12.30 Uhr).

Ausflug: Ins waldreiche Mugello, wo u.a. noch einige Landvillen wie die von Cafaggiolo von der Herkunft der Medici zeugen.

In der Michelangelo-Suite residierten schon viele prominente Gäste: Tina Turner, Jil Sander, Naomi Cambell, Brigitte Bardot, Kofi Anan, Alec Guinness, Roger Moore...

2
Gran Hotel Villa La Massa

Karte: E 5
Via della Massa 24, Bagno a Ripoli,
Località Candelli
50012 Florenz
Tel. 055 62611
Fax 055 633102
Internet: www.villamassa.com
E-Mail: villamassa@galactica.it und
lamassa@relaischateaux.fr
Kreditkarten: alle gängigen
15. November bis März geöffnet

Preise: EZ 360 000–470 000 ITL, DZ 550 000–750 000 ITL, Junior-Suiten 900 000–1 Mio. ITL, Suiten 1,1 Mio.–1,3 Mio. ITL, inkl. Frühstücksbüffet.

Anfahrt: Autobahn Mailand – Florenz, Ausfahrt Florenz-Süd, nach 3 km Richtung Bagno a Ripoli, dann nach Candelli, Beschilderung zum Arno folgen.

Das Hotel: Direkt in eine große Schleife am südlichen Arno-Ufer eingebettet, nur wenige Kilometer von der quirligen, lauten toscanischen Metropole entfernt, die man in wenigen Minuten am besten mit dem hoteleigenen Transfer erreicht, steht das Haus auf einer – fast – überschwemmungssicher hohen, ummauerten Terrasse über dem unberechenbaren Fluss.

Die ockerfarbene Villa La Massa stammt aus dem 16. Jh. und wurde im sogenannten Mediceischen Stil als reiner Renaissancekubus für die Florentiner Adelsfamilie Santi Landini errichtet; die vier Ecktürme kamen später hinzu. Der älteste Teil freilich steht nebenan: Im jetzt cottoroten, zweigeschossigen Gebäude arbeitete eine Mühle, wie es im Mittelalter viele östlich von Florenz Richtung Pontassieve gab. Heute befinden sich darin das hervorragende Restaurant »Il Verrocchio« und einige der Hotelzimmer. Die weitläufige Terrasse, auf der man bei schönem Wetter frühstücken und abends bei Kerzenlicht speisen kann, bezieht den beheizten Pool mit den schwungvollen Umrissen ein und reicht bis zur Villa. Auf den gepflegten Wiesen stehen schmiedeeiserne Gartenmöbel und Sonnenliegen. Abseits, oberhalb der Flussschleife, liegt ein bescheidenes Nebengebäude mit weiteren Gästezimmern. Eine kleine gepflegte Kapelle am Eingang der Parkanlage, die sich jenseits der Parkplätze ins saftige Grün der Arno-Wiesen ausdehnt, könnte Heiratswillige auf die Idee bringen, sich hier das Ja-Wort zu geben.

Die Villa selber besticht innen durch die hohe Halle, die von drei Renaissanceloggien umgeben wird, die zu den vielfach mit Originalmöbeln des 18. und 19. Jh. ausgestatteten Zimmern und Suiten führen. Das Erdgeschoss ist der Rezeption und den angenehmen Aufenthaltsräumen vorbehalten, darunter ein perfekt ausgestattetes Spielzimmer. Gewohnt haben hier schon Winston Churchill, Clark Gable und Madonna – nachzulesen in den Gästebüchern, die in der Haupthalle ausliegen.

Nächtigen kann man in einem gar nicht einfachen Doppelzimmer, in einer der freskierten Suiten des (zweiten) Piano nobile oder in der großartigen Suite unter dem offenen

Dachstuhl mit der Nummer 45: Ein das Zimmer und das Bad einnehmendes Fenster mit Bleiverglasung lässt den Blick frei auf die Ex-Mühle und den Arno, bis weit ins Mugello hinein Richtung Pontassieve. Doch auch in den anderen der insgesamt 34 Zimmer, davon sieben Suiten, genießt man herrliche Ausblicke, ob über den Fluss oder in die sanfte, saftig-grüne Hügellandschaft südlich von Florenz. Schwere Vorhänge und Tagesdecken aus kostbarer Florentiner Seide bestimmen das Bild der gemütlich eingerichteten Zimmer und Suiten, in denen niemals Blumen fehlen. Weiße müssen es sein, denn sie gehören ebenso wie die großartigen Blumenarrangements der Salons zur Philosophie des Hauses. Für die Bäder wurde kostbarer Marmor verwendet, dessen Hauptfarbe die Zimmereinrichtung folgt, grün oder gelb, blau oder kardinalrot. Über die kostbare Ausstattung und das perfekte, sehr freundliche und mehrsprachige Personal wundert sich nicht, wenn man weiß, dass das Hotel im Besitz der traditionsreichen Villa d'Este am Comer See ist.

Aktivitäten: Den Hausgästen stehen Fahrräder für Ausflüge z.B. am Arno entlang zur Verfügung. Wer reiten möchte, lässt sich dies vom Hotel vermitteln, ebenso die Angelgenehmigung. Golfspieler finden in nur 10 km Entfernung den ältesten und noch immer schönsten Golfplatz der Toscana: Ugolino. Und wer toscanisch kochen lernen möchte, kann dies auch hier in der Villa La Massa tun, normalerweise Ende Oktober (Fünf-Tage-Programm, inkl. Kultur).

Stadtnah und in unnachahmlich schöner Lage: die Villa La Massa

Restaurants in der Umgebung: »Osteria La Casellina« bei Rufina nördlich von Pontassieve (s. S. 100). In Florenz direkt im Zentrum u.a. typisch toscanisch »Il Vecchio Fattore« nahe den Uffizien oder ganz fein, französisch angehaucht und vom Michelin mit zwei Sternen bedacht das »Pinchiorri« mit der wohl perfektesten Restaurant-Cantina Italiens.

Besichtigungen: Florenz, s. S. 13

Ausflugstipp: Das Hotel organisiert den Besuch des nahen Castello di Nipozzano, wo die Marchesi de' Frescobaldi ihren berühmten Pomino produzieren.

Landhotels & Villen/Rund um Florenz

3
Azienda Agricola Collefertile

Karte: E/F 4
Via Arliano 37
Località La Sughera-Montegiovi
50032 Borgo San Lorenzo (FI)
Tel. 055 8495202
Fax 055 576065 (Büro Florenz)
Internet: terraditoscana.it/collefertile
E-Mail: Collefertile@iol.it
Kreditkarten: alle gängigen
März bis Januar geöffnet

Preise: keine EZ, DZ 200 000 ITL, Suiten 250 000–270 000 ITL, inkl. Frühstück.

Anfahrt: Von Borgo San Lorenzo kommend auf die S.P. 41 nach Süden abbiegen, nach 5,2 km noch ca. 3 km Staubstraße bis zum Landhotel, Beschilderung in den dichten Kastanien- und Buchenwald hinein folgen.

Das Hotel: Normalerweise betritt man das in rund 800 m Höhe mitten im grünen Mugello nördlich von Florenz gelegene Hotel durch das einladende Restaurant mit seinem im Winter lodernden Kamin. So weiß man gleich, was einen außer den gemütlichen Zimmern erwartet. Viel Aufenthaltsraum im üblichen Sinne hat Collefertile für seine Hausgäste noch nicht. Was sich ändern soll und außerdem bei schönem Wetter auch weiter nicht schlimm ist, denn fast alle zieht es hinaus. Entweder auf Entdeckungstour durch das Mugello oder an den beheizbaren Pool, in den nur 3 km entfernten Reitstall oder zu den geführten Waldtouren durch das riesige Anwesen aus 450 Hektar Land, das auf ca. 600 Hektar erweitert werden soll und von dem allein 300 Hektar der Jagd vorbehalten, also richtig schön wild geblieben sind. Denn die Kirche, verrät der sympathische Besitzer Piero Cerchiai, der sein Geld eigentlich mit Marmeladen-Konserven verdient, verscherbelt seit ein paar Jahren ihr Tafelsilber, sprich Ländereien, und wohl dem, in dessen Nähe sich ein ›Filetstück‹ wie bei Collefertile befindet...

Erst 1998 hat das zunächst als Locanda mit Trattoria geführte Haus mit seinen Nebengebäuden 15 Zimmer hinzu bekommen, davon zwei Suiten mit Kamin; in fünf Jahren sollen es 45 Zimmer sein, denn Platz genug ist im großen, 1920 vom Großvater des heutigen Besitzers erbauten Gutshaus und seinen Bauernhäusern. Im früheren Kornspeicher befindet sich heute das gemütliche Restaurant mit dem

Auch im Winter wird in Collefertile für das Wohl der Gäste gesorgt

Tipp

Viertägige Kochkurse oder auch nur Thementage in der Küche, die nicht allzu bierernst genommen werden sollten, bietet Collefertile seinen Hausgästen an. Täglich sind vormittags drei Stunden in der modernen Küche des Hauses vorgesehen. Auf dem Lehrplan stehen natürlich toscanische Spezialitäten und nachmittags nach einem leichten Essen kulturträchtige Ausflüge ins Mugello, nach Florenz, Pisa und Siena.

angebauten Wintergarten, der den Eindruck macht, mitten im Wald zu stehen. Die Küche verdient ein besonderes Lob und kann auch von fremden Gästen aufgesucht werden; Reservierung ist freilich angeraten.

Viel wird auf dem Landgut selber produziert oder in den nahegelegenen Fabriken der Familie Cerchiai, erst einmal natürlich die leckeren Marmeladen, Ricotta, Butter und Pecorino, ob *fresco* oder gelagert, also *staggionato*, Joghurt und der feine *stracchino*, ein leicht säuerlicher cremiger Käse – auf den man die Feigenmarmelade des Hausherren streichen sollte! Nicht zu vergessen: die Zucht von Wildschwein, Rotwild, Fasanen, Hasen und Rebhühnern. Bald soll man die Produkte auch im hauseigenen Laden kaufen können

Vieni in casa, sagt man im Mugello und meint ›komm ins Haus‹ – wo ein Kaminfeuer lodert, da fühlt man sich im Mugello wohl, und das stimmt hier im Collefertile, das man mit ›fruchtbarer Hügel‹ übersetzen könnte, aufs Wort! Sobald das Wetter ungemütlich zu werden droht, wird ein Kaminfeuer gezündet. Die angenehmen, bäuerlich-schlicht eingerichteten und doch perfekt, ja, zum Teil geradezu luxuriös mit Bademänteln und Hausschuhen ausgestatteten Zimmer tragen übrigens keine Nummern, sondern die Namen der Bäume, die man aus dem Fenster sieht, übersetzt. Im ›Zeder-‹Zimmer hat man beispielsweise einen Blick auf ein imposantes Prachtexemplar. Alle Zimmer und Suiten haben TV, Telefon und Minibar, die Suite Cigliegio, die Kirsche, sogar ein Jacuzzi-Bad.

Restaurants in der Umgebung: »Osteria del Girodibacco« (s. S. 102) 100 m vom Castello di Cafaggiolo entfernt; »Panacea« mit bäuerlicher Kost und Meeresfisch sowie herrlicher Terrasse und »Feriole« mit traditioneller Küche auf einer kleinen Festung, beide Richtung Borgo San Lorenzo.

Aktivitäten: Jagen dürfte das Hauptthema bei italienischen Gästen sein, ausländische ziehen pure Erholung und Wandern vor, vielleicht auch die Kochkurse (s. Tipp).

Ausflugstipp: Das Mugello an sich, die Sommerfrische der Florentiner, und darin die Villen der Medici, vor allem das Castello di Cafaggiolo, eine ihrer schönsten Villen.

Landhotels & Villen/Rund um Florenz

4
Paggeria Medicea

Karte: D 4/5
Viale Papa Giovanni XXIII 1
59015 Artimino (PO)
Tel. 055 8718081
Fax 055 8718080
Internet: artimino.com
E-Mail: hotel@artimino.com
Kreditkarten: alle gängigen
18.–27. Dezember geschlossen

Preise: EZ 250 000 ITL, DZ 280 000–300 000 ITL, Zusatzbett 90 000 ITL, inkl. Frühstücksbüffet.

Anfahrt: Autobahn A 1 Florenz – Rom, Ausfahrt Lastra a Signa, Superstrada Florenz – Pisa/Livorno, dann Ausfahrt Montelupo Fiorentino, wo Artimino Richtung Florenz ausgeschildert ist, noch rund 7,5 km.

Das Hotel: Wo früher die Pagenwohnungen und die Stallungen der Medici-Jagdvilla La Ferdinanda untergebracht waren, entstand 1983 eines der zauberhaftesten Hotels der Toscana. Nur ein Einzel- und 37 völlig unterschiedlich gestaltete Doppelzimmer fanden in dem lang gestreckten, zweistöckigen Gebäude mit seinen offenen Loggien Platz, außerdem im Erdgeschoss die freundliche Empfangshalle, der Frühstücksraum und die Bar, teils unter Backsteingewölben, teils unter Balkendecken. Die Zimmer haben schöne alte Cottoböden und Holzbalkendecken mit Backsteinauflage, manche von ihnen großzügige Backsteinbögen, die anzeigen, wo früher die Stallungen einen großen Raum bildeten; zwei Zimmer besitzen je eine Schlafempore

Tipp

Nur ca. 20 km sind es bis Vinci, die Geburtsstadt von Leonardo da Vinci mit seinem bescheidenenn Geburtshaus. Im Castello di Vinci ist ein interessantes Museum untergebracht, das Modelle nach Leonardos Skizzen für allerlei Konstruktionen zeigt: Friedliches wie ein Fahrrad und Kriegerisches wie ein Panzer oder ein Maschinengewehr! In den Gewölben des Castello, wo lange Jahre ein Weinkeller mit Verkostung Ausflügler anlockte, wurde kürzlich ein Anti-Museum eingerichtet, eine Art Persiflage auf die Leonardo-Nachfolge.

(Nummer 24 und 29). Das Ganze blickt auf das nur wenige Gehminuten entfernte, befestigte Dorf Artimino und auf die herrliche Jagdvilla, die man wegen ihrer zahlreichen Schornsteine im Volksmund »Palast der 100 Kamine« nennt. Der rückwärtige Talblick erfasst gleich drei toscanische Provinzen: Florenz, Prato und Pistoia.

Viel Platz bietet die sanfte Hügellage für einen großzügigen Pool, bei dessen Aushub man zahlreiche etruskische Funde machte. Denn Artimino war von den Etruskern ab dem 8. Jh. v. Chr. besiedelt worden, ist uraltes Kulturland. Den Wein- und Olivenölanbau brachten wohl die Römer, im Mittelalter besaß die Festung von Artimino eine bedeutende strategische Lage zwischen Florenz und Pistoia. Mit Cosimo I de´ Medici begann Mitte des 16. Jh. die wahre Blütezeit als Jagdrevier, denn dieser ließ es auf einer Länge von mehr als 40 km sogar ummauern! Doch erst nach der

Errichtung der Villa Medicea durch die Großherzöge Francesco und Ferdinando I, nach dem die Jagdvilla schließlich La Ferdinanda benannt wurde, zogen die Medici 1596 hier ein – in 56 Zimmer! Dafür benötigten sie viel Personal – und so ließen sie zwischen 1590 und 1620 die Paggeria bauen, das Pagenhaus.

Feinschmecker kommen nicht zu kurz, denn zum Anwesen gehört ein ziemlich berühmtes Restaurant, das »Ser Biagio Pignatta« mit toscanisch-italienischer Küche und einer guten Auswahl auch gutseigener Weine. Der Besitz gehört übrigens der Bergamasker Industriegruppe OLMO, die u. a. hochwertige Fahrräder produziert.

Restaurants in Artimino: »Ser Biagio Pignatta« auf dem Hotelanwesen sowie »Da Delfina«, eine ländliche, hervorragende und von Michelin mit einem Stern bedachte Trattoria (s. S. 103).

Aktivitäten: Radausflüge auf OLMO-eigenen Zweirädern, Tennis auf zwei hoteleigenen Plätzen, Jagen, Golfplatz 15, Galopprennbahn fünf Fahrminuten entfernt.

Besichtigung: Das archäologische Museum in der Mediceischen Jagdvilla La Ferdinanda präsentiert die in der Umgebung gemachten Funde, die hauptsächlich aus etruskischer Zeit stammen. Außer Mi tgl. 9.30–12 Uhr geöffnet.

Ausflugstipps: Montelupo Fiorentino, die historische Keramikstadt von Florenz mit einem sehr interessanten Keramikmuseum; Villa Medicea in Pogio a Caiano, der Prototyp einer Renaissancevilla, 1479 von Giuliano da Sangallo für Lorenzo Il Magnifico erbaut (mit Führungen zu besichtigen).

Inmitten sanft gerundeter Hügel residierten ab dem 16. Jh. die Medici in Artimino

5
Villa Alessandra

Karte: B 4
Località Arsina 1100/B
55100 Lucca
Tel. 0583 395171
Fax 0583 395828
Internet: nicht nicht eingerichtet
E-Mail: villa.ale@mailcity.com
Kreditkarten: keine
Öffnungszeiten unsicher: evtl. November oder Januar geschlossen

Preise: nur DZ, ca. 200 000 ITL, inklusive Frühstück.

Anfahrt: Autobahn Firenze – Mare Ausfahrt Lucca, dann Richtung Camaiore – Abetone abbiegen, nach ca. 1 km taucht die hohe Stadtmauer Luccas auf der rechten Seite auf; an der ersten Ampel hinter dem Einkaufszentrum Esselunga links halten Richtung Camaiore, über den Serchio fahren, nach der Brücke rechts bleiben und durch Monte Sanquirico fahren, wo bald ein Schild nach Arsina zeigt. Nach 1500 m an der Y-förmigen Kreuzung rechts nochmals 1100 m bis zum Schild »Via Arsina 1100/B 60mts« – durch den Olivenhain hindurch ist das Tor der Villa erreicht.

Das Hotel: Die Gäste empfängt ein schwarzer, freundlicher Hund mit dem Namen Buio, der Finstere. Doch das ist das einzig Finstere an der Villa Alessandra in den Hügeln oberhalb von Lucca, dort, wo die Sonne im Schutze des Tosco-Emilianischen Apennins intensiver strahlt und Weinreben wie Oliven früher reifen, als es die geografische Lage vermuten ließe. Auf einem etwa 3000 km² großen Grundstück steht auf einer befestigten Erdterrasse mit einem kleinen italienischen Garten rings um einen oktogonalen Brunnen, der sich vielleicht schon im 17. Jh. an dieser Stelle befand, die helle zweigeschossige Villa.

Die zarten Fresken im Gartenzimmer zeigen Luccheser Landschaften und Jagdszenen

Man betritt sie von zwei Seiten, jedenfalls immer durch das helle Gartenzimmer. Der freundliche, spärlich möblierte Raum, der die gesamte Haustiefe einnimmt, ist sozusagen das i-Tüpfelchen der Villa Alessandra, gefolgt vom gleich langen Kaminzimmer, dem eigentlichen Aufenthaltsraum der Hausgäste, die hier in einer Ecke Fernsehen oder Musik hören oder einfach lesen oder diskutieren können. Letzteres gehört zum Stil des Hausherren Angelo Tosca, der seine internationalen Gäste, zum großen Teil Amerikaner, also Englisch sprechend, dazu animiert, sich miteinander zu beschäftigen. Man wird, kaum angekommen, bekannt gemacht, die Konversation sozusagen angeschubst.

Enrica Tosca ist eine mütterliche Gastgeberin in »unserem Privathaus, das zahlende Gäste empfängt«. Man kann bei der professionellen Kochlehrerin auch Unterricht nehmen in Sachen italienische Küche. Nicht unbedingt toscanisch also. Umso toscanischer ist die Villa aus der ersten Hälfte des 18. Jh., die sie zusammen mit ihrem Mann, einem Industriellen aus Mailand, erworben und mit nur sechs völlig unterschiedlichen Gästezimmern liebevoll ausgestattet hat. Auch in den Zimmern ist überall ihre pflegende Hand zu spüren.

Der Garten mit dem Brunnen und einer Pflanzennische mit Nymphe ist bei schönem Wetter der wichtigste ›Raum‹, hier sonnen sich die Gäste, lesen, reden miteinander... Der Blick über die Luccheser Hügel oder abwärts nach Lucca muss sich schon im späten Frühjahr den Weg durch eine geschickt angelegte Rosen-Loggia suchen, die ihrerseits den Rahmen für herrliche toscanische Ausblicke der anderen Art bildet.

In der Villa Alessandra gibt es nur Übernachtung mit Frühstück, man kann bei Enrica aber auch Abendessen bestellen oder lässt sich Tipps geben. Das Frühstück, das die Gäste gemeinsam an einem großen Tisch einnehmen, fällt üppiger aus als in manchem Luxushotel, mit Obst und Joghurt, selbst gebackenen Kuchen und diversen Marmeladen, Wurst, Schinken und Käse. – Im unteren Garten soll ein Pool gebaut werden.

Restaurants in Lucca: »Buca di Sant´Antonio« nahe der Handelskammer im Zentrum, der Klassiker unter Luccas Restaurants – das Osterien-Pendant dazu dürfte das preiswerte »Buatino« sein.

Besichtigung: Lucca mit seiner intakten Stadtmauer aus 6 Mio. Ziegelsteinen (eine herrliche Promenade, auch für Radfahrer!) und seinen schönen Kirchen und Palazzi.

Ausflugtipp: Die Garfagnana mit ihren dunklen, pilzreichen Kastanienwäldern und schönen Bergdörfern, etwa Barga mit wundervoller Kanzel in luftiger Höhe oder Bagni di Lucca, das Heinrich Heine in seinen »Bädern von Lucca« besungen hat. Für Höhlen-Fans: die Grotta del Vento, auf drei verschiedenen Touren von einer bis zu drei Stunden unter sachkundiger Führung zu erkunden.

Restaurants in der Garfagnana: »Vecchio Mulino« (s. S. 148) als urigste Adresse, »Al Ritrovo del Platano« (s. S. 141) als perfekt geführte historische, beide in bzw. nahe Castelnuovo Garfagnana. Mit einem Michelin-Stern gelobt wird »La Mora« in Sesto a Moriano.

6
San Lorenzo

Karte: C 4
Via San Lorenzo 15
51017 Pescia (PT)
Tel. 0572 408340
Fax 0572 408333
Internet: www.rphotels.com
E-Mail: s.lorenzo@rphotels.com
Alle Kreditkarten
Ganzjährig geöffnet

Preise: EZ 100 000 ITL, DZ 180 000 ITL, Apartment 220 000 ITL (nur in der Hochsaison) inkl. Frühstücksbüffet.

Anfahrt: Von Pescia aus ca. 2 km nach Norden am Pescia-Fluss entlang fahren, bald taucht die frühere Papiermühle rechter Hand auf, die über eine Brücke erreichbar ist.

Das Hotel: Das Drei-Sterne-Hotel San Lorenzo ist 1996 in einer historischen Papiermühle aus dem 17. Jh., die noch bis 1965 Papier produziert hatte, am Pescia-Fluss eingerichtet worden. Das an sich große Gebäude strahlt Gemütlichkeit aus, man betritt es durch eine helle Eingangshalle, die eigentlich der verglaste Vorplatz der Mühle war, in dem sich früher das große Holzrad drehte; man kann es, teils ebenfalls unter Glas, im hinteren Teil erkennen. Das gilt auch für mehrere Maschinen zur Papierherstellung (Pressen, Mühlen), die man in den drei Restauranträumen auf verschiedenen Ebenen unterbringen konnte. So fühlt man sich teilweise – auf angenehme Weise – wie in einem Papiermuseum (ein richtiges kann man, s. S. 23, in der Nähe besichtigen).

> ## Tipp
> **Tenuta di Valgiano**
>
> »Luccheser Weine machen sich«, sagt man in der Toscana, denn hier werden gute dichte Rotweine zu günstigen Preisen produziert wie der »Scasso di Cesari« aus Sangiovese- und Merlot-Trauben. Kaufen kann man sie in der Tenuta di Valgiano (Loc. Valgiano, Via Valgiano 7).

Da die hübschen Restauranträume für Familienfeiern wie Hochzeiten, Taufen etc. schnell recht beliebt geworden sind, sollte, wer Ruhe sucht, die man hier sonst findet, die Wochenenden meiden. Auch wenn es ein paar kleine gemütliche Extra-Ecken gibt. – Ein herrliches Ruheplätzchen bietet die kleine Wiese im Schutz der Südwand des Hotels bzw. der alten Papiermühle, mit Blick auf den malerischen Fluss Richtung Pescia.

Die 36 Zimmer (davon zwei Suiten und fünf kleine Apartments, die man unabhängig vom Hotelbetrieb erreichen kann) sind unter Berücksichtigung der historischen Bausubstanz mit viel Holzbalken und schmalen Gängen ohne Schnörkel geschaffen worden, die Duschen bestehen aus einfachen Vorhängen um den Duschkopf herum; auch ein paar familiengeeignete Zimmer mit drei oder vier Betten, manche auf zwei Ebenen, sind zu haben. Im ersten Obergeschoss wohnten früher die höheren Angestellten der Papierfabrik, darüber zeigen die hohen aber schmalen Fenster an, dass im zweiten Obergeschoss die großen Papierlappen zum Trocknen

Im Hotel San Lorenzo sind noch Maschinen aus der alten Papierfabrik zu besichtigen

aufgehängt wurden, einfach über Wäscheleinen – durch die Fensteröffnungen entstand der nötige Luft- bzw. Durchzug. Solche Papiermühlen trugen jahrhundertelang einen guten Teil zum Reichtum Luccas bei, heute wird in den wenigen verbliebenen Mühlen vor allem Altpapier verwertet. Je nach dem Rohmaterial verfärbt sich dann der Pescia- Fluss blau oder grün oder grau...

Im Jahr 2000 wurde San Lorenzo mit dem benachbarten Hotel Santa Caterina zusammengelegt, das ebenfalls in einer allerdings jüngeren Papiermühle aus dem 19. Jh. eingerichtet wurde. Hier befinden sich nochmals insgesamt 36 Zimmer, davon vier Suiten.

Restaurants in Pescia und Umgebung: »Da Nerone« zu Füßen von Pietrabuona nördlich vom Hotel San Lorenzo, eine schlichte Trattoria mit guter Pizza, die aber in freundlicher Atmosphäre hervorragende lokale Gerichte anbietet, je nach Saison z.B. Frösche aus den nahen Sümpfen von Fucécchio und Aale aus dem See von Massacciúcoli (bei Viareggio), von Frühsommer bis Spätherbst Steinpilze aus den umgebenden Wäldern. In Pescia haben die Restaurants allesamt gehobene Preise, z.B. am Hauptplatz das »Cecco« und »La Buca«; s. auch Restaurants bei Villa Alessandra (S. 20)

Besichtigung: Museo della Carta (Papiermuseum), allerdings in einem schlichten Privathaus im nahen Pietrabuona, also nicht in einer historischen Papiermühle wie die beiden zusammengelegten Hotels, aber dennoch aufschlussreich. Telefonische Anmeldung notwendig: Tel. 0572 408020. Pescia ist eine liebenswürdige kleine Stadt mit schönem historischen Zentrum um einen lang gestreckten Platz und berühmt für den allmorgendlichen Blumenmarkt nahe dem Bahnhof.

7
Villa Ariston

Karte: A/B 4
Viale Cristoforo Colombo 355
55043 Lido di Camaiore (LU)
Tel. 0584 610633
Fax 0584 610631
Internet: villaariston.it
E-Mail: info@villaariston.it
Alle Kreditkarten
Geöffnet März bis Oktober

Preise: EZ 180 000–340 000 ITL, DZ 250 000–490 000 ITL, Suiten 360 000–680 000 ITL je nach Saison, inklusive Frühstücksbüffet.

Anfahrt: Von Viareggio die Küstenstraße nach Norden fahren; die Villa steht am Ortsende von Lido di Camaiore.

Das Hotel: Seit 1825 bauen die Codecasa Boote, immer schickere und exklusivere, ihre Flitzer sind ein Markenzeichen von Format – und das sollte auch das Hotel werden, das sie 1987 gekauft haben. Davide Codecasa, einer der Fabrikantensöhne, führt die Villa Ariston und sorgt dafür, dass immer mehr Zimmer in neuem Glanz erstrahlen. Denn zumindest die Hauptvilla mit ihren plüschigen Salons hat einige Patina angelegt, die nicht unbedingt komfortabel ist, wozu durchaus die steilen Treppen gehören. Das sollte wissen, wer nicht sehr gut zu Fuß ist – allerdings bietet gerade die Villa die Zimmer und Suiten, in denen bereits Diven ihre Ferientage verbracht haben, und die einzigen Zimmer mit Meerblick. Dafür sind die Zimmer in den beiden Nebengebäuden La Torre (ganz toll: die neue Suite 303 im Erdgeschoss) und La Fattoria sicher die ruhigeren und besitzen eine moderne, sehr mediterran wirkende Einrichtung. Alle 39 Zimmer, davon 26 Doppel-, vier Einzelzimmer und neun Suiten, verfügen

In Strandnähe im eigenen Park gelegen: das Hotel San Lorenzo

über Telefon und TV sowie Minibar. Besonders beeindruckend sind die Bäder, allesamt aus Carrara-Marmor, die alten mit einem längs-ovalen Einstieg für die Duschen.

Der gesamte Komplex aus drei Gebäuden entstand zwischen 1871 und 1909 als private Sommerresidenz eines sehr vermögenden Anwalts und Senators namens Rolandi Ricci, der nicht nur ein Faible für Antikisierendes hatte – man findet hier Liberty-Stil und nachempfundenes Mittelalter eng beisammen –, sondern sich auch gerne mit illustren Gästen umgab. Dazu zählten der italienische König Vittorio Emanuele III, Prinz Umberto, Giacomo Puccini, Guglielmo Marconi, auch der Diktator Mussolini und – wie könnte es anders sein – Eleonore Duse und Gabriele D´Annunzio, der hier »Francesca da Rimini« geschrieben haben soll. Es ist also nur folgerichtig, dass die Suiten in der Villa bedeutende Namen tragen.

Erst 1968 wurde Villa Ariston zu einem Hotel umgestaltet. Kein Wunder, angesichts der großartigen Lage eines der größten Anwesen an der Versilia: direkt an der Strandstraße und doch ruhig – oder fast ruhig – im eigenen Park gelegen, in dem sich auch die kleine, außen freskierte Kapelle, der Pool, das Sommerrestaurant und der sommerliche Frühstückspavillon befinden. Außerdem die drei Tennisplätze.

Überraschend preiswert sind die ausgiebigen und guten Mahlzeiten für die Pensionsgäste, die sie in einem stilvollen Rahmen perfekt serviert bekommen.

Restaurants an der Versilia: »Le Monache« in und »La Dogana« bei Camaiore, »Romano« in Forte dei Marmi, »Venanzio« in Colonnata (s. S. 140).

Ausflugstipps: Für Moskitoresistente der wunderschöne Lago di Massaciúccoli mit seinen Schilfschutzgebieten, zu denen man von Torre del Lago aus Bootsausflüge unternehmen kann. Im Ort selber steht auch das Wohn- und Sterbehaus von Giacomo Puccini (Museum mit seinem Grab). Ein Genuss sind außerdem die herrlichen Strände der Versilia und die Badestadt Viareggio mit ihrer Jugendstil-Architektur.

Tipp

Marmorbrüche und weißer Speck

Beeindruckend sind die Marmorbrüche der Apuanischen Alpen, aus denen schließlich u. a. der berühmte Marmor von Carrara stammt, den schon die Römer und Michelangelo liebten und für ihre schönsten Skulpturen und Bauten abbauen ließen. Doch richtig hautnah kommt man ihnen um das kleine Colonnata, das seinen Marmorbrechern sogar ein eindrucksvolles Denkmal gesetzt hat. Von hier stammt jedoch auch der inzwischen sicher bekannteste Speck der Toscana, der sogar ein DOC-Produkt geworden ist: Lardo di Colonnata, in kleinen weißen Marmor-›Sarkophagen‹ gereift, hauchdünn geschnitten sowohl kalt als auch warm eine Delikatesse, die so manchen Koch zu fantasievollen Kreationen gereizt hat.

Villa Gli Astri

Karte: B 4
Via di Nocchi 35
55041 Camaiore (LU)
Tel.+Fax 0584 951590
Kreditkarten: Visa, Eurocard, Carta Si, Mastercard
Geöffnet April bis September

Preise: DZ 140 000–200 000 ITL je nach Saison, inklusive Frühstück.

Anfahrt: Von der Autobahnausfahrt Viareggio oder der Aurelia SS 1 Richtung Camaiore fahren, dann der Umgehungsstraße von Camaiore Richtung Lucca und nach ca. 3 km an einer kleinen Kreuzung der Beschilderung nach Nocchi-Torcigliano folgen; ca. 200 m nach der Kirche von Nocchi fährt man rechts über eine kleine Brücke (eng!) – und bald darauf durch das Haustor der Villa Gli Astri.

Das Hotel: Die rosafarbene Villa Gli Astri (übersetzt: die Gestirne) aus dem 17. Jh. gehört zu den zauberhaften, stillen Plätzen der weniger bekannten Toscana im Hinterland einer so beliebten Küstenregion wie der Versilia. Und mehr noch: Die Villa selber ist auf eine so bescheiden-sympathische Art vollkommen und das Haus mit den nur zwölf Zimmern (davon zwei neue in einem Anbau) wird so liebevoll geführt, dass man sich hier für längere Zeit niederlassen möchte. Am schönsten sind natürlich die zehn Villa-Zimmer, je fünf im ersten und zweiten Obergeschoss, die jeweils von einer großen Halle ausgehen, einige von ihnen mit Decken- oder Wandbemalung (im obersten ›Dienstboten-Stockwerk‹ wohnt die Besitzerfamilie).

Schon das Entrée muss gefallen: Fährt man durch das Tor auf den Parkplatz, erblickt man zur Linken die schlicht-elegante Landvilla und geradeaus den herrlich gepflegten Garten (6000 m^2) mit teilweise 150 Jahre alten Gehölzen, in den man erst 1998 den Pool eingelassen hat. Überhaupt ist es ein recht junges Hotel, es wurde von den beiden Architekten Donatella Morescalchi und Franco Bonelli erst 1995 für ihre Tochter Francesca eröffnet. Die liebevolle Arbeit sieht man dem Haus aber auch wirklich an! Außen wie innen. Stolz werden die original erhaltenen Türen aus Kastanienholz gezeigt und natürlich die Ausmalung, die erst bei der jüngsten Restaurierung zum Vorschein kam. Es sind nicht die üblichen Fresken, sondern Tempera-Malereien, die aus dem 18. und 19. Jh. stammen und bis vor kurzen unbekannt waren. Sie zeigen die Geschichte von Donatellas Vorfahren, der Familien Paoli aus Lucca und der Graziani aus dem umbrischen Cascia, die französische Barone waren und zum toscanischen Adel gehörten (zurückzuverfolgen bis ins 13. Jh.); später erwarben sie sich sogar an Napoleons Seite große Verdienste.

Besonders glücklich ist die erfrischend-freundliche Tochter Francesca über ihre Gäste: von Anfang an fast nur Deutsche, denn »sie sind es, die ein solches Ambiente wie unseres zu schätzen wissen, ohne Telefon und Minibar auskommen und die Ruhe genießen.« Doch nicht nur das: Jeden Tag lässt sich Mutter Donatella ein toscanischen Menü einfallen, schreibt es für ihre Gäste auf – wer am Abend

Villa Gli Astri, ein liebevoll geführtes Kleinod der toscanischen Landhotellerie

von ihr kulinarisch verwöhnt werden möchte, trägt sich einfach ein und zahlt dafür der preiswerten Kategorie des Hauses entsprechend relativ wenig. Der Hausherr hat dazu ein paar gute Weinflaschen parat – nur toscanische zu ebenfalls moderaten Preisen. Ein gutes Plätzchen also unter dem ständig wieder kehrenden Wappen der Familie mit drei Sonnen und geschweiftem Stern.

Restaurants in und um Camaiore: »Le Monache« (s. S. 138) in Camaiore, »La Dogana« (s. S. 139) bei Camaiore, »Romano« (s. S. 137) in Viareggio und »Venanzio« in Colonnata (s. S. 140); auch »Lorenzo« mit verdientem Michelin-Stern in Forte dei Marmi, »Muraglione« und »Da Gero« in Marina di Carrara, »Da Giorgio« und »Bombetta« sowie das gemütlich-feine »Patriarca« in Viareggio.

Ausflugstipps: s. S. 25

Tipp

Antiquitätenmarkt in Viareggio

Am letzten Sonntag eines jeden Monats verwandelt sich der schöne Badeort in ein Paradies für Antiquitätensammler und –gucker, denn dann findet der einzige echte Antiquitätenmarkt der Versilia statt. Wer einen Parkplatz finden will, sollte möglichst früh den Edel-Ferienort ansteuern und einkalkulieren, dass das fahrbare Untergestell eventuell weit weg abgestellt werden muss.

Azienda Agricola Andia Paradiso

Karte: C 3
Via Giunchetto 89
51020 Lizzano Pistoiese (PT)
Tel. 0573 677803
Fax 0573 677831
Internet: ertruscan.li.it/riva (Zentralstelle)
E-Mail:
rivadeglietruschi@etruscan.li.it (Zentralstelle)
Kreditkarten: alle gängigen
März bis Januar geöffnet

Preise: EZ je nach Saison 50 000–80 000 ITL, DZ 80 000–140 000 ITL, Halbpension 120 000–180 000 ITL, Vollpension 70 000–200 000 ITL; Ferienwohnungen pro Woche 700 000–1 Mio. ITL für vier, 980 000–1,4 Mio. ITL für sechs Personen.

Anfahrt: Von der SS 12 Lucca – Abetone kurz nach San Marcello Pistoiese nach Osten Richtung Lizzano fahren und den Hinweisen folgen, die nach insgesamt 6,5 km rund 3,5 km auf einer gut befahrbaren Staubstraße zur Azienda Agricola führen.

Das Hotel: Ein Steinhaus aus dem 18. Jh. bildet den Kern des sehr einladenden Agriturismo mit seinen vorerst nur sechs hübschen Zimmern und dem Restaurant in 1000 m Höhe am östlichen Rande der Garfagnana. Das 1050 Hektar große Anwesen, das der rührigen italienischen Bus-Unternehmerfamilie Lazzi gehört und von umsichtigen Pächtern geführt wird, grenzt im Norden beim Wintersportort Abetone an die Emilia-Romagna; an der Grenze befindet sich das Jagdgebiet der Azienda Agricola, der sonntägliche Treffpunkt zahlreicher Jäger aus der Umgebung, die freilich bis nach Florenz und noch weiter reicht.

Das riesige Jagdgebiet südlich von Abetone wurde zum gemütlichen Landhotel

Unterhalb des Kernhauses erstreckt sich ein zweites Gebäude, in dem neun wunderschöne Ferienwohnungen für vier bis sechs Personen eingerichtet wurden. Den Mittelpunkt bildet ein großzügiger Salon mit Kamin, umgeben von gemütlichen Sofas und ein paar Spieltischen. Man kann sich selber verpflegen, aber auch im Restaurant essen, wo es ein täglich wechselndes, reichliches Menü zu einem erstaunlich niedrigen Festpreis gibt, Hauswein und Vinsanto zu den Cantucci inbegriffen. Alles ist typisch toscanisch und von Giovanni Ponis´ Frau Donatella mit viel Liebe zubereitet, ob die köstlichen Teigtaschen mit Ricotta- und Mangoldfüllung oder das frische Gemüse. Das Fleisch stammt von der eigenen Farm – denn hier werden in der Hauptsache Rinder bester Qualität gezüchtet. Donatella und Giovanni, die seit 1996 hier leben, haben drei Kinder – kein Wunder also, dass der Kinderspielplatz für die Hausgäste besonders groß und fantasievoll ausgefallen ist! Und weil Donatella ein Herz für Familien hat, sorgte sie beim Umbau dafür, dass die Küchen der Ferienwohnungen groß ausgefallen und gut eingerichtet sind.

Keine Frage, dass nicht nur rings um die Natursteinhäuser viel Auslauf ist, sondern praktisch das ganze Landgut auf Entdeckung wartet: Waldfrüchte ernten und Tiere beobachten gehört sozusagen zum Normalprogramm der Feriengäste.

Restaurants: »Al Ritrovo del Platano«, eine perfekt geführte Osteria (s. S. 141) nahe und »Vecchio Mulino«, eine urige Kneipe, in Castelnuovo Garfagnana (s. S. 148). Im nahen San Marcello Pistoiese stehen zwei einladende Cafés am Hauptplatz.

Rezept

Castagnaccio (Kastanienkuchen)

350 g frisches Kastanienmehl
100 g Sultaninen
1/2 Liter Wasser
1/2 Glas bestes Olivenöl
70 g Pinienkerne
Olivenöl für die Form

Sultaninen in lauwarmem Wasser einweichen und abtropfen lassen. Das Kastanienmehl langsam in 1/2 Liter Wasser einrühren, bis ein geschmeidiger Teig entsteht. Das Olivenöl sorgfältig unterrühren, damit keine Klumpen entstehen. Die Sultaninen und Pinienkerne hinzufügen und den Teig 20–30 Min. ruhen lassen. Eine große flache, feuerfeste Form einölen und die Kastanienteigmasse einfüllen, die nicht höher als 1 1/2 cm sein darf. Der Kastanienkuchen der Garfagnana schmeckt nämlich am besten, wenn er ganz dünn ist. Den Kuchen im vorgeheizten Backofen bei ca. 180 Grad ca. eine 3/4 Std. backen.

Doch vorher gilt es zu beachten: Was zum Schluss daraus wird, bestimmt die Dreingabe – Kenner lieben den puren Castagnaccio mit ganz wenig Orangenschale, dazu vielleicht etwas frische Ricotta.

Aktivitäten: Reiten auf einem nahen Landgut und Fahrradverleih; Wandern und Waldspaziergänge.

Ausflugstipp: Die Garfagnana mit Bagni di Lucca und Barga.

Hotels/Siena & Chianti

10 *Certosa di Maggiano*

Karte: E 7
Via della Certosa 82
53100 Siena
Tel. 0577 288180
Fax 0577 288189
Internet: www.relaischateaux.fr/certosa
E-Mail: certosa@relaischateaux.fr
Kreditkarten: alle gängigen
Ganzjährig geöffnet

Preise: DZ 600 000–950 000 ITL, Suiten 1 Mio.–1,4 Mio. ITL, inklusive Frühstück.

Anfahrt: Am besten die Umgehungsstraße von Siena bis zur Ausfahrt Porta Romana fahren, auf das unübersehbare Tor zu, dann der Verkehrsführung folgend nach rechts abbiegen; bald folgt die Beschilderung zur Certosa, praktisch immer nach rechts, insgesamt knapp 2 km von Sienas Zentrum entfernt.

Das Hotel: Die Certosa di Maggiano in Sichtweite von Siena wurde 1314 posthum auf Wunsch und mit den Mitteln des Kardinals Riccardo Petroni als erstes Kartäuserkloster der Toscana erbaut. Im Jahr 1555 zerstört, 1575 bis auf den Turm wieder aufgebaut, erlitt die Certosa ein ähnliches Schicksal wie die Stadt Siena. Großfürst Leopold enteignete das Kloster, das fortan Privatbesitz wurde, wobei Mitte des 19. Jh. die Zellen rings um den großen Kreuzgang abgerissen wurden und die Certosa ihre heute so hübsche Loggia erhielt, das ›Sommerrestaurant‹.

Zum Hotel wurde die Certosa erst 1979, nachdem der weit über Italiens Grenzen hinaus bekannte Herzchirurg Adalberto Grossi sie 1969 erworben hatte. Eigentlich als Wohnsitz seiner kinderreichen Familie, die er aus Mailand hierher verpflanzt hatte, für die sie bald nun doch zu groß war. Ehefrau Anna Grossi Ricordati beschloss daher, einen Teil der Certosa zu einem ganz besonderen kleinen Hotel umzugestalten. Für den reichen Professor und seine ehrgeizige Frau war das Beste gerade gut genug, das erworbene Kleinod zu einem Juwel aufzupolieren. Einer der besten Innenarchitekten und Bühnenbildner Italiens (auch Zeffirellis Filme profitierten von seiner Kunst), Enzo Mongiardino, wurde engagiert. Am eindringlichsten erkennt man seine Arbeit wohl an der Sala degli Imperatori, dem Saal der römischen Kaiser, dem zentralen Salon des Hotels: Die zwölf Kaiserbilder vom Antiquitätenmarkt ließ der Meister säubern und in Freskorahmen an den Wänden aufhängen. Die schweren Seidenvorhänge und -tagesdecken wurden speziell in der Florentiner Seidenwerkstatt hergestellt, auch die Seidentapeten.

Bibliothek und Spielzimmer, das auch einem Casino entstammen könnte, runden ebenso wie der weitläufige Park mit beheizbarem Pool, Tennisplatz (und Hubschrauberlandplatz!) das Angebot ab. Ergänzt durch die historische Klosterküche, in der während der kühleren Jahreszeit gefrühstückt wird, ein winzig kleines Winterrestaurant und den kleinen Kreuzgang um den Renaissancebrunnen, auf zwei Seiten von Bogengängen gestaltet. An lauen Sommerabenden wird dieses Entrée der Kartause zum zauberhaften Restaurant, in dem man mit verfeinerten italienischen Spezialitäten bei Kerzenlicht verwöhnt wird. Dazu serviert man frisch gebackenes Brot, mit dem Olivenöl von den Schatten spendenden Bäumen im weitläufigen Garten beträufelt – der Stolz der Familie Grossi. Tochter Margherita leitet das Hotel mit nur 17 Doppelzimmern, Junior-Suiten und Suiten mit hohem persönlichen Engagement.

Restaurants in Siena: »Antica Trattoria Papei« (s. S. 115), auch im Zentrum, die »Antica Osteria da Divo«, das »Castelvecchio« und die preiswerte »Hostaria Carroccio« mit dem wöchentlich wechselnden Menü.

Besichtigung: Siena, s. S. 33, 35, Villa Patrizia.

Ausflugstipps: Die sanften Crete, die Renaissancestädtchen Montepulciano und Pienza, das großartige Kloster von Monte Oliveto Maggiore, die Ruine von San Galgano etc. (s. S. 33).

Die bilderbuchschöne Certosa di Maggiano: heute ein Relais & Chateaux-Hotel

Hotels/Siena & Chianti

11
Villa Scacciapensieri

Karte: E 7
Via Scacciapensieri 10
53100 Siena (SI)
Tel. 0577 41441
Fax 0577 270854
Internet: web.tin.it/villascacciapensieri
E-Mail: villasca@tin.it
Alle gängigen Kreditkarten
Geöffnet Mitte März bis Ende November

Preise: EZ 195 000–225 000 ITL, DZ 290 000–390 000 ITL, Suiten 500 000 ITL, inklusive Frühstücksbüffet.

Anfahrt: Von Florenz kommend am nördlichen Stadtrand Sienas gleich nach dem Bahnhof den Hinweisen zum Hotel folgen; die Villa liegt 2 km außerhalb des Zentrums.

Das Hotel: Die alte Dame Emma Nardi, kinderlos geblieben, hat das Lebenswerk ihres Vaters Riccardo und ihr eigenes den Jüngeren der Familie überlassen, die nun das Hotel führen, das zu Recht den Namen Scacciapensieri (von *scaccia i pensieri* = sorglos) trägt. Auf einem heiteren Hügel mit Blick auf Siena gelegen, ist vor allem der Garten der richtige Schlüssel zu einem entspannenden, eben sorglosen Aufenthalt. Höchstens der Blick auf die Waage könnte einige Sorgenfalten entstehen lassen, denn die Küche des Hauses gehört zu den besten Sienas (Mittwochs kann man sich davon ›erholen‹, wenn Ruhetag ist). Zitronenbäume, Oleanderbüsche, unglaublich dichte Glyzinien-Pergolen und uralte Gehölze beschatten die diversen Terrassen, auf denen der Park angelegt ist, natürlich mit einem Pool und Tennisplatz sowie vielen Ecken, in die man sich mit einem guten Buch zurückziehen kann.

Die Villa selber, die aus den Anfängen des 19. Jh. stammt und als Sommersitz des gehobenen Bürgertums diente, gelangte 1830 in den Besitz der Familie Barbieri Bassani, die sie aufwendig ausschmücken ließ, u. a. mit dem Fresko des Sieneser Malers Angelo Visconti in der Eingangshalle. Pasquale Franci, einer der bekanntesten Schmiedemeister Sienas, erwarb den Besitz um 1880 und schmückte ihn mit den wunderschönen Gitterwerken. Dann, 1930, kam die Familie Nardi dran, die daraus ein richtig familiäres Hotel schuf, das es bis heute geblieben ist und sich wohltuend von den üblichen Touristenhotels auch Sienas abhebt. Schon früh kamen illustre Gäste ins Scacciapensieri wie Karl Gustav von Schweden

Tipp

Panforte und Nannini

Untrennbar mit einander verbunden sind in Siena zwei Namen: Panforte für den an sich weihnachtlichen Pfefferkuchen, den es in allen nur erdenklichen Variationen inzwischen das ganze Jahr über gibt, und Nannini. Ja, damit ist die Familie der berühmten Pop-Sängerin Gianna und ihres Bruders, des Rennfahrers Alessandro, gemeint – und Vater Nannini, der aus Sienas Weihnachtsgebäck mit intensivem und klugen Marketing eine weltberühmte Spezialität machte.

und Prinz Rainer von Monaco mit Grace Kelly.

Der Hauptvilla mit ihren dunklen Holztäfelungen sieht man das 19. Jh. noch richtig an, die stilgerecht eingerichteten Zimmer tragen z.T. zart bemalte Deckenbalken. Dagegen wurden die Zimmer im Anbau relativ modern ausgestattet; alles in allem überwiegt jedoch ein leicht plüschiger, auf angenehme Art altmodischer Charakter – kein Wunder, dass das Restaurant den Namen »Altri Tempi« (Andere Zeiten) trägt. Insgesamt sind es 31 komfortable Zimmer mit Minibar, Satelliten-TV und Telefon, davon 23 Doppel- und vier Einzelzimmer sowie vier Suiten.

Restaurants in Siena und im Chianti: »Antica Trattoria Papei« in Siena (s. S. 115), außerdem einige, meistens in urigen Gewölben eingerichtete Restaurants im Zentrum (s. S. 31) sowie Trattorien im Chianti (s. S. 39).

Aktivitäten: Pool und Tennis im Park. Zahlreiche Ausflugsmöglichkeiten (s. u.)

Besichtigung: Nach Siena fahren alle 15 Minuten städtische Busse nahe dem Hotel ab. In der Stadt unbedingt anschauen: Piazza del Campo mit Palazzo Pubblico, Dom mit Piccolomini-Bibliothek und der Museumskomplex des früheren Ospedale della Scala direkt gegenüber. Generell ein Stadtbummel durch die schöne Stadt mit ihren meist gotischen Palästen.

Ausflugstipps: Nördlich das Chianti-Gebiet mit seinen Burgen und Weinbergen und vielen einladenden Trattorien, südöstlich Richtung Asciano die sanften Crete-Hügel und die Klosteranlage Monte Oliveto Maggiore, nordwestlich das befestigte Monteriggioni und das schöne Colle Val d'Elsa auf drei Hügelrücken, beide mit guten Restaurants (s. S. 108, 114)!

Tipp

Enoteca Italiana

In den dicken Mauern der unübersehbaren Mediceischen Festung Sienas ist die »Enoteca Italiana« mit Weinen aus ganz Italien untergebracht, die aus kontrollierten Lagen stammen. Man kann hier die Weine glasweise probieren, aber auch eine gute Flasche Wein bei Kerzenschein genießen, im Sommer sogar im Freien. Geöffnet von nachmittags bis nach Mitternacht (Mo nur 12–20 Uhr).

Ein Ort zum Wohlfühlen:
Villa Scacciapensieri

Hotels/Siena & Chianti

12
Grand Hotel Villa Patrizia

Karte: E 7
Via Cassia Nord 52
Località Uncinello
53100 Siena (SI)
Tel. 0577 50431
Fax 0577 50442
Internet: Villa Patrizia.it
Alle gängigen Kreditkarten
Ganzjährig geöffnet

Preise: EZ 360 000 ITL, DZ 390 000 ITL, Frühstück 25 000 ITL pro Person.

Anfahrt: Die Villa steht direkt an der Via Cassia Nord, nördlich des Zentrums von Siena.

Das Hotel: Nur 3 km von der Piazza del Campo, dem Herzen Sienas, entfernt steht das Grand Hotel Villa Patrizia inmitten eines ausgedehnten, dichten Parks (darin Pool und Tennisplatz) mit immens hohen Steineichen und einer Pracht-Zeder direkt vor dem Eingang, sozusagen das Wahrzeichen des Hauses, das noch über eine ganze Anzahl exotischer Bäume verfügt.

Das Hotel besteht aus drei Teilen: der Hauptvilla mit den 33 etwas altmodisch eingerichteten Zimmern mit ihren Stoff bespannten Wänden und dem Frühstücksraum, was alles noch so aussieht, wie es sich im 19. Jh. der Kriegsminister Ponticelli unter der Regierung Ricasolis als Privathaus erbauen ließ. Erst 1981 wurde es vom neuen Besitzer in ein Hotel umgestaltet, wobei das Restaurant in der früheren Limonaia, einem Gewächshaus aus dem 15. Jh. mit typischen go-

Rezept

Panforte

300 g kandierte Früchte
100 g Walnusskerne
100 g Mandeln, geschält
100 g Haselnüsse, geschält
150 g Puderzucker
100 g Honig
fertige Oblaten (zum Auslegen der Backform)
je 1 kräftige Prise Zimt, Koriander-, Nelken- und Ingwerpuder sowie frisch geriebene Muskatnuss
2 Esslöffel Mehl
Butter zum Bestreichen der Backform
Puderzucker und Zimt zum Bestäuben des fertigen Kuchens

Kandierte Früchte klein würfeln und in eine Schüssel geben, Mandeln und Nüsse in einer Pfanne ohne Fett anrösten und grob zerhackt zufügen, ebenso die diversen Gewürzpulver. Puderzucker und Honig in einer Schüssel im Wasserbad bei kleiner Hitze zu einer dickflüssigen Massa rühren, weiter unter Rühren erkalten lassen. Dann diese Masse mit dem Mehl unter die Nussmischung rühren. Eine flache Form mit Butter bestreichen und mit Oblaten auslegen, darauf dünn den Teig verteilen und im vorgeheizten Ofen bei 150 Grad backen (mit Umluft bei nur 130 Grad). Nach dem Abkühlen den Kuchen mit der Puderzucker-Zimt-Mischung bestäuben.

tischen Architekturdetails, Platz fand. Hier kann man sehr hübsch unter Backsteingewölben sitzen und recht gut und reichlich speisen; im Sommer auch draußen um den dekorativ in Backstein gefassten Brunnen.

In der früheren Kirche über dem dritten Gebäude, das quer zu Villa und Limonaia steht, werden bis Ende 2000 ebenso wie im unteren Teil Suiten eingerichtet, die das Zimmer-Angebot des komfortablen Hotels verbessern sollen. An der Gediegenheit der Atmosphäre und der Freundlichkeit des Personals ist ohnehin nichts zu bemängeln.

Restaurants in Siena: s. S. 31

Besichtigung: Siena als Gesamtkunstwerk mit der weltberühmten, muschelförmigen Piazza del Campo vor dem großartigen Palazzo Pubblico, dessen markanter Turm die schönste Aussichtsplattform für den Blick auf die rote Dachlandschaft der Stadt bildet, auf den schwarz-weiß gestreiften Dom mit seiner kostbaren Ausstattung, darunter eine Pisano-Kanzel, und die Biblioteca Piccolomini; auf die mächtige Dominikanerkirche mit der Kopfreliquie der Heiligen Katherina von Siena; von den reichen Sammlungen der Museen ganz zu schweigen, die meisten nun im früheren Ospedale della Scala untergebracht, ausgenommen die Pinakothek in ihrem zauberhaften Renaissancepalast.

Ausflugstipps: s. S. 31, 33 (Scacciapensieri und Certosa di Maggiano)

Sehr stadtnah und doch ruhig steht im ausgedehnten Park die Villa Patrizia

Hotels/Siena & Chianti

13 *Monteriggioni*

Karte: E 6
Via 1° Maggio 4
53035 Monteriggioni (SI)
Tel 0577 305009
Fax 0577 305011
Alle gängigen Kreditkarten
Ca. Mitte Januar bis Mitte Februar geschlossen

Preise: EZ 200 000 ITL, DZ 360 000 ITL, inklusive Frühstück.

Anfahrt: Über die Via Cassia SS 2 oder die Superstrada Florenz – Siena. Monteriggioni liegt am Kreuzpunkt beider Straßen und das Hotel mittendrin: Einfahrt für Hotelgäste erlaubt trotz Fußgängerzone; abgeschlossener Parkplatz am Hotel vorhanden.

Das Hotel: Monteriggioni ist als Ort zauberhaft, genau dazu passend ist das 1993 fertig gestellte Hotel gleichen Namens, das nur zehn Doppel- und zwei Einzelzimmer besitzt, Standardzimmer, aber von der hübschen Sorte wie das ganze, relativ kleine Haus. Das typische Bauernhaus aus dem 17. Jh., in dem unten Stallungen und Geräteschuppen untergebracht waren und in den beiden oberen Stockwerken drei oder vier Familien wohnten, wurde besonders liebevoll restauriert. Dabei durfte nur Originalmaterial verwendet werden, weshalb das Hotel wie aus einem Guss wirkt.

Keine Frage, dass sich die wenigen Hausgäste bei schönem Wetter nur draußen im Pool oder zwischen ihm und dem Haus auf der Terrasse oder der nicht allzu großen Liegewiese mit dekorativen Ölbäumen und blühenden Büschen aufhalten; hier wird auch das Frühstück serviert. Blick nach rechts auf den klobigen Turm der Pfarrkirche, geradeaus auf die mittelalterliche Mauer von Monteriggioni, die den Hotelgarten begrenzt. Die Zimmer im zweiten Obergeschoss besitzen die typischen Holzbalkendecken mit den Ziegelauflagen, alle haben gepflegte Cottoböden und bäuerliche Möbel, zum größten Teil Originale, die Kopfenden der Betten sind teils aus Schmiedeeisen. Alles zeigt keine Überfrachtung, wirkt eher gemütlich und schlicht.

Alvaro Gozzi und seine Frau Luisa, Möbelfabrikanten aus Poggibonsi, hatten die Idee für das Hotel. Nach dreijähriger Umbauzeit war es so weit. Nun führen Tochter Michela, von Beruf Juristin, und ihr Mann Gigi, ein Römer, das freundliche Hotel. Den ganzen Ort, vor allem die erstaunlich große Piazza gleich nebenan, benutzt das einladende Haus auch noch als Salon. Schließlich stehen darauf bereits Caféhaustischchen, kleine Läden für kulinarische Genüsse und u. a. eines der besten Restaurants der Gegend. Wozu sollte ein eigenes Hotelrestaurant denn noch gut sein?

Tipp

Konzerte im Chianti

Im Chianti finden im Sommer an vielen Orten meist klassische Konzerte statt, auch bei Greve, nämlich in Lamole (»Estate Concertistica«) normalerweise Mitte Juni bis Mitte September und in Panzano (»Estate Concertistica di Panzano«) Ende Juli bis Mitte August.

Restaurant in Monteriggioni: s. S. 114; im nahen Colle Val d´Elsa: »Antica Trattoria« (feine toscanische Küche, mit perfekt kredenzten Weinen, s. S. 108) und das vom Michelin mit einem Stern bedachte, eher allgemein-italienisch, aber hervorragend und fantasievoll kochende »Arnolfo«; im nahen Chianti: s. S. 39

Besichtigung: Das mittelalterliche Monteriggioni aus dem 13. Jh. mit seiner völlig intakten Mauer, den beiden Toren Porta Fiorentina nach Norden und Porta Romea nach Süden, der großen, einladenden Piazza mitsamt kleiner Pfarrkirche; von den insgesamt 14 Türmen sind noch elf intakt, die restlichen nur als Stümpfe erhalten.

Ausflugstipps: Siena (s. S. 35), nur rund 10 km entfernt und auch per Bahn von Castellina Scalo aus erreichbar bzw. per Bus. Über Castellina Scalo jenseits von Superstrada und Via Cassia geht es auch ins Herz des Chianti, nach Castellina, Radda und Gaiole in Chianti sowie zu den Burgen und Weingütern ringsum. Berühmte Namen können als Richtlinien dienen wie Castello di Brolio, Castello di Meleto, Villa Vertine und Barbischio oder Badia a Coltibuono. Direkt unterhalb von Monteriggioni liegt im Westen die sehenswerte Abteikirche von Abbadia Isola, nur ca. 8 km entfernt das sehr hübsche Colle Val d´Elsa gleich auf drei Bergrücken oberhalb der neueren Unterstadt, und nach weiteren 10 km ist das mit seinen Geschlechtertürmen schon von weitem lockende San Gimignano erreicht. Ein Kleinod unter den Brunnenhäusern Sienas steht in einem früher bedeutenden ›Vorort‹ zwischen Colle Val d´Elsa und Poggibonsi in San Lucchese und stammt noch aus dem 13. Jh. (frei zugänglich, zu seinen Füßen ein kleiner Park mit Teich).

Einladend wie das gesamte kleine Hotel ist auch die Eingangshalle des Monteriggioni

Hotels/Siena & Chianti

[14] Villa Il Leccio

Karte: E 5
Via Case Sparse 35
50027 Strada in Chianti (FI)
Tel. 055 8586103
Fax 055 8586106
Internet: emmeti.it/Ailleccio
Erst ab 2001 Kreditkarten
Geöffnet März bis Januar

Preise: EZ 120 000–140 000 ITL, DZ 160 000–200 000 ITL, Suiten 210 000–300 000 ITL, inkl. Frühstück.

Anfahrt: Von Florenz über die Chiantigiana SS 222 kommend, am Golfplatz Ugolino vorbei, nach dem Ortsschild von Strada und einer Tankstelle gleich rechts abbiegen und den Hinweisschildern folgen.

Das Hotel: Dicht am netten Chianti-Städtchen Strada und doch frei der Landschaft zugewandt, steht die einladende, hell ockerfarbene Villa aus dem späten 18. Jh. auf einer weitläufigen Terrasse. Entstanden ist die hübsche Architektur um einen alten Kern herum, der *Casatorre* (Turmhaus) aus dem 13.Jh. Seit dem 15. Jh. in Familienbesitz (erst der Boscaioli, dann durch Heirat und bis heute der Landi), wurde die Villa im Laufe der Jahrhunderte immer wieder umgebaut, was manche verwinkelte Treppe und Kammer erklärt. So gleicht keines der elf Zimmer dem anderen, manche sind so groß, dass sie zu Suiten erklärt wurden, die durchaus auch vier Personen Platz bieten.

Etwas linkisch wird das erst 1999 zum Landhotel umgewandelte Anwesen von Marialuisa Landi und Tochter Giada geführt, manchmal unterstützt von der deutschen Freundin Helga. An manche Kleiderschränke sollte man nicht nur einen Restaurator heran lassen, sondern auch eine umsichtig pflegende Hand, die auch für entsprechende Kleiderbügel sorgt... Sonst aber kann man sich in der Villa, deren Salon ein mit Landschaftsbildern aus der Umgebung freskierter Raum ist, sehr wohl fühlen. Das Speisezimmer dient dem gemeinsamen Mahl, von Marialuisa selber zubereitet und sehr dekorativ ins rechte Licht gesetzt, und zu dem

Tipp

Chianti Classico und Co.

Da sich mehrere Weinanbaugebiete zwischen Arezzo und den Hügeln von Pisa und Livorno, von Pistoia bis Montalcino ›Chianti‹ nennen dürfen, wenn auch schön in Einzel-Provenienzen eingeteilt, hat sich das Kernland des Chianti zwischen Florenz und Siena den ›Chianti Classico‹ einfallen lassen. Und tatsächlich: Fast gleicht es einer Sprachverwirrung, wenn man etwa im Osten von Florenz dem Chianti Rufina begegnet, der wiederum so hervorragende Weine im Gebiet hat wie den Pomino-DOC, dass sie es eigentlich nicht nötig hätten, unter fremder Flagge zu segeln. Oder der Chianti Montalbano, der ja mit dem kraftvollen Carmignano seine eigene DOC-Bezeichnung hat. Aber alle Welt kennt den Chianti, und auf dieses Zugpferd setzen die meisten toscanischen Winzer – noch.

Hotels/Siena & Chianti

man sich sozusagen unter Kostenbeteiligung jeden Donnerstag und Samstag anmelden kann. Umgeben ist die Villa von einem terrassierten Park mit altem Baumbestand und Pool in schönster Panoramalage.

Aber aus den landwirtschaftlichen Produkten, die der Agriturismo selber herstellt wie Wein und Olivenöl, Hühner und Gemüse sowie Obst ließe sich sicherlich mehr machen als nur das karge Frühstück, das auf Plastikplatzdecken und mit Mini-Papierservietten in den zugegebenermaßen herrlich original erhaltenen beiden Räumen der alten Küche hinter dem Speisezimmer eingenommen wird. Alles ist ein wenig zurückhaltend-wortkarg, aber Mutter und Tochter müssen sich wohl selber noch mit ihrem Agriturismo-Hotel warm laufen... Außerdem: Will denn wirklich jeder unterhalten werden, der in historischen Mauern mit bilderbuchartigem Panoramablick ein paar Urlaubstage verbringt?

Restaurants im nahen Chianti-Gebiet: »Il Caminetto del Chianti« 1 km nördlich von Strada, das außer am Sonntag allerdings nur abends geöffnet bleibt; »Bottega del Moro« in Greve in Chianti; »La Cantinetta del Nonno« in San Casciano Val di Pesa (s. S. 106); »Osteria Badiaccia a Montemuro« in luftiger Höhe (ca. 800 m) mit angenehmem Garten (s. S. 110).

Aktivitäten: Der wunderschöne Golfplatz von Ugolino ist nur einen Katzensprung entfernt (4 km).

Ausflugstipps: Chianti pur mitsamt der Burgenstraße und zahlreichen Kellereien; naturnaher Zoo von Cavriglia (Richtung Montevarchi). Florenz ist nur rund 15 km von Strada in Chianti entfernt, und man sollte es am besten mit dem Bus anfahren, denn mit dem eigenen Wagen bekommt man in der lebhaften Regionalhauptstadt nur Probleme. Sehenswürdigkeiten in Florenz (s. S. 13).

Ein Kleinod, das als Hotel noch aufpoliert werden muss: Villa Il Leccio

Hotels/Siena & Chianti

Villa San Lucchese

15

Karte: D/E 6
Via San Lucchese 5
53036 Poggibonsi (SI)
Tel. 0577 937119
Fax 0577 934729
Internet: etr.it/hotel villa san lucchese
E-Mail: villasanlucchese@etr.it
Alle Kreditkarten
10. Januar bis 10. Februar geschlossen

Preise: EZ 180 000 ITL, DZ 270 000 –320 000 ITL, Junior-Suiten 350 000 ITL, inklusive Frühstücksbüffet.

Anfahrt: Von Florenz über die Superstrada Richtung Siena bei Poggibonsi-Süd ausfahren und weiter Richtung Volterra/Colle Val d'Elsa, nach ca. 2 km vor dem Krankenhaus rechts und dann wieder links hinauf Richtung Basilica di San Lucchese, davor führt links die Straße zum Hotel.

Das Hotel: Wer das Industriestädtchen Poggibonsi kennt, wird sich sicher wundern, ein so schönes Anwesen ganz in der Nähe vorzufinden. Man betritt es durch ein hohes, sehr herrschaftliches Schmiedeeisentor und fühlt sich gleich in eine andere Zeit versetzt. Die wohlproportionierte, hell ockerfarbene Villa aus dem 15. Jh., also im Kern in reinem Renaissancestil errichtet, obwohl der Ursprung bereits im 13. Jh. zu suchen ist und spätere Umbauten unverkennbar sind, bildet zum schattigen Park mit akkurat geschnittenen Hecken eine einheitliche Front. Nach hinten aber erweist sich der Bau als U-förmiger Komplex, der in seiner Mitte eine der schönsten Hotelterrassen der Toscana mit freiem Chianti-Blick ausspart. Steingepflastert ist sie der sommerliche Treffpunkt der Gäste, wenn die Sonne am Abend nicht mehr so heiß brennt, dass man hier seinen kühlen Drink genießen kann. Auf der einen Seite befindet sich in der früheren Li-

In schöner Lage inmitten eines Steineichenwaldes: Villa San Lucchese

monaia, die dem Flügel vorgebaut wurde, das Restaurant, das abends auch auswärtige Gäste verwöhnt.

Gefrühstückt (und mittags ›gesnackt‹) wird in einem Gebäude auf der anderen Seite der Villa, das sich zum Pool hin öffnet. Es entstand durch raffinierte Glasüberdachung, die einen historischen Backofen mit einem Waschplatz aus dem 16. Jh. zusammenfasste. Alle Bauteile und der gepflegte Park werden durch eine hohe Mauer zusammengehalten und bilden eine geradezu heimelige Atmosphäre, begrenzt von einem dichten Steineichenwald.

Die Hotelhalle und der Salon, der einer Enothek mit Flaschenvitrinen ähnelt, wirken eher nüchtern, die 36 Zimmer, davon zwei Suiten, sind teilweise noch altmodisch möbliert, teilweise bereits aufgefrischt, jedenfalls mit allem Komfort, Satelliten-TV, Minibar und Telefon ausgestattet; die schönsten liegen im Piano nobile mit seinen gewölbten Decken.

Die Besitzerfamilie hatte die Villa 1989 als Privathaus erworben und bis 1991 zum Hotel umfunktioniert. Abenteuerlust war genug vorhanden: Vater Vasco Ninci handelt seit vielen Jahren mit Indonesien und den Philippinen, baute in Manila eine Fabrik für die Herstellung von Basthüllen für die Chianti-Fiaschi auf, weil in Italien der Rohstoff dafür ausgegangen war. Und als er 1985 in Taiwan zwei italienische Restaurants eröffnet hatte, warb er für sie mit Mini-Pizze, die er Passanten zum Kosten anbot... Nun, seinen Gästen im familiär geführten Hotel-Restaurant bietet er heute eine verfeinerte, teils raffiniert dekorierte toscanisch-italienische Kost, und Sohn Marco entpuppt sich als hervorragender Weinkenner.

Tipp

Gallo Nero

Unter dem Bild des Schwarzen Hahnes, dessen historische Herkunft auf eine Fehde zwischen Florenz und Siena zurückgeht, werben die Mitglieder des gleichnamigen Konsortiums, eines freiwilligen Zusammenschlusses von Winzern des Chianti Classico-Gebietes für ihre Weine. Erstaunlich viele Produzenten jedoch ziehen es vor, unter ihrem eigenen Namen für ihre meist recht teuren Tropfen zu werben – damit sparen sie sich zudem die Kosten für die Mitgliedschaft im Consorzio del Gallo Nero. Einzelheiten über den Zusammenschluss erfährt man unter: www.chianticlassico.com

Restaurants: »L´Antica Trattoria« am Hauptplatz von Colle Val d´Elsa (s. S. 108), »Il Pozzo« in Monteriggioni (s. S. 114), »Osteria del Vicario« in Certaldo (s. S. 107).

Besichtigung: Die Franziskanerkirche (12./13. Jh.) des Wallfahrtsklosters San Lucchese, darunter jenseits der Hauptstraße das Brunnenhaus aus dem 13. Jh. (Fontana delle Fate), in dessen Umgebung man wandern und sich im schattigen Park ergehen kann; in der Nähe befinden sich auch eine Festungsruine von Giuliano da Sangallo (Fortezza di Poggio Imperiale, 15./16. Jh.) und Grabungsfelder.

Ausflugstipps: Siena (s. S. 35); das Festungsstädtchen Monteriggioni; das Chianti-Gebiet (s.jeweils S. 37).

Hotels/Siena & Chianti

16
Borgo Pretale

Karte: E 7
Località Borgo Pretale/Rosia
53018 Sovicille (SI)
Tel. 0577 345401
Fax 0577 345625
Internet: emmeti.it/Borgopretale
E-Mail: borgopret@ftbcc.it
Kreditkarten: alle
Geöffnet April bis Oktober

Preise: DZ 370 000 ITL, Junior-Suiten 390 000 ITL, Suiten 440 000 ITL, inklusive Frühstücksbüffet.

Anfahrt: Von Siena kommend die SS 73 Richtung Massa Marittima bis Rosia und weiter zur Kreuzung mit der SS 541 Richtung Colle Val d'Elsa fahren, kurz darauf wieder rechts den Hinweisschildern folgen, die 4 km weiter zu einer Staubstraße (weitere 3,5 km) und an deren Ende zum Landhotel führen.

Das Hotel: Es gibt schon einige mittelalterliche Wehrdörfer in der Toscana, die vollkommen oder auch nur teilweise zu einem Hotel oder einer Anlage mit Ferienwohnungen umfunktioniert wurden – aber so eine wie Borgo Pretale eben nur einmal! Man fühlt sich regelrecht ins Mittelalter zurück versetzt, ohne auf modernsten Komfort verzichten zu müssen, es sei denn, man empfindet ungemähte Wiesen als übertrieben umweltfreundlich. Vielleicht liegt es aber auch an der Leitung des Hauses, die man in die Hände des leicht exzentrisch wirkenden und doch so unglaublich sympathischen Daniele Rizzardini und dessen Ehefrau Angela

Tipp

**Sangiovese,
d i e Chianti-Traube**

Je nach Lage und Höhe, Bodenbeschaffenheit und Pflege bzw. Ausbau ergibt die typische Chianti-Rebe, der Sangiovese, einen völlig anderen Wein. Während die meisten Chianti-Weine noch nach der Mitte des 19. Jh. von Baron Bettino Ricasoli festgelegten Formel produziert werden (einer Mischung aus den roten Sangiovese- und Canaiolo-Trauben mit den weißen Malvasia- und Trebbiano-Trauben), was einen süffigen Wein ergab, denkt man seit 1984 anders: Man hat den Anteil der Sangiovese-Traube auf 75 bis 90 Prozent erhöht, seit kurzem sogar auf 100 Prozent. – Doch weil der Lauf der Dinge meistens so ist, schwören inzwischen junge Winzer bzw. Weintechniker wieder auf die alte Formel... Sie nennen ihre Weine ›puro Chianti‹!

gelegt hat, die neben ihrer fundierten kunsthistorischen Ausbildung auch eine solche als bildende Künstlerin erhalten hat, eine Naturfreundin, die sich u. a. um den Kräutergarten kümmert und das Hotel mit ihren modernen Bildern (man kann diese erwerben) ausschmückt. Beide haben offensichtlich so viel Freude am Borgo Pretale, dass es einfach schön und gut sein muss! Und beide essen so gerne, dass sich auch Köchin Paola Galigani von ihrer besten Seite zeigen muss, deren Menüvorschlägen allabendlich fast alle Hausgäste folgen. Gegessen

Viele Räume im Borgo Pretale gehören zu den feinsten der Toscana

wird im Sommer im Freien vor dem Restaurant oder in dessen ›Wintergarten‹.

Eine Torre Palazzo von 1150/1170 bildet den Kern des Borgo, des Wehrdorfes aus insgesamt sechs Teilen, mit kleiner Rezeption, sehr gepflegtem Restaurant und zwei kleinen Salons mit Bar, darüber einige der schönsten Zimmer (insgesamt 35, davon fünf Junior-Suiten und sechs Suiten aus zwei vollwertigen Zimmern mit je einem Bad). Weitere Einheiten sind über die übrigen fünf Gebäude verteilt. Kein Zimmer gleicht dem anderen, mal gibt es ein Himmelbett, mal schlicht, groß, bequem, mal bilden Wappen den Wandschmuck, die Zimmer im Hauptteil sind mit Antiquitäten aus der Gegend ausgestattet, diejenigen in den Nebengebäuden vor allem rustikal, aber alle sehr komfortabel und sehr geschmackvoll. Naturstein und weiße Wände, Backsteingewölbe, Holzbalkendecken sind die bestimmenden Stilelemente.

Der große Pool mit der Snackbar für mittags liegt mitten im Wald, das Sauna- und Fitness-Häuschen ebenfalls, Platz genug gibt es schließlich im mehr als 20 Hektar großen Areal, von dem 18 Hektar pure Macchia geblieben und in dem weitere Freizeitvergnügungen (s. u.) zu finden sind, bis auf Sauna alles im Hotelpreis inbegriffen.

Aktivitäten: Tennis, Golfübungsplatz und Bogenschießen; man kann auf markierten Wegen joggen, mit Mountainbikes die Gegend erkunden, wandern und in einem befreundeten Pferdestall reiten lernen oder von dort gleich ausreiten.

Restaurants: s. S. 45

Ausflugstipps: s. S. 45

Hotels/Siena & Chianti

17
Relais Borgo di Toiano

Karte: E 7
Località Toiano
53018 Sovicille (SI)
Tel. 0577 314639
Fax 0577 270596
Internet: sienanet.it/toiano
E-Mail: toiano@sienanet.it
Kreditkarten: alle
Geöffnet 25. März bis Anfang November

Preise: DZ als EZ 150 000–210 000 ITL, DZ 180 000–240 000 ITL, Junior-Suiten 210 000–290 000 ITL, inklusive Frühstücksbüffet.

Anfahrt: Von Siena kommend die SS 73 Richtung Massa Marittima, vor Sovicielle den Hinweisschildern nach Toiano folgen, die auf schmaler aber guter Straße direkt ins kleine Hotel führen.

Das Hotel: Aus dem Stall und den Schlafräumen der Bauern darüber sowie aus dem etwas erhöht stehenden großen Kornspeicher im Schatten, nein, eigentlich auf der Sonnenseite des kleinen Weilers Toiano, in dem noch an die 30 Menschen leben, machte die Sieneser Hotelierfamilie Pagni ein zauberhaftes, luftiges Landhotel. Mit nur sieben Doppelzimmern und drei großräumigen Suiten (zwei davon behindertengerecht), die ländlich gehalten sind und doch keinen Komfort missen lassen. Im früheren Kornspeicher sind die kleine Rezeption sowie Bar und Frühstücksraum unter hohen Backsteingewölben un-

Tipp
Die Montagnola

Genauso hübsch, aber noch lange nicht so überlaufen und dadurch teilweise schon erheblich verdorben wie das Chianti ist die sogenannte Montagnola südwestlich von Siena. Vor allem bei Wanderfreunden und Ausflüglern mit Mountainbikes dürfte sich das bald herumgesprochen haben, denn viele Wege durch dichten, auch im Sommer angenehm kühlen Wald sind markiert, einige Weingüter produzieren immer besseren Wein und die Dörfer (Sovicille) und Weiler sind ebenso schön anzuschauen wie die kleinen romanischen Kirchen (Pernina und Ponte allo Spino) oder Klöster (Eremo di Lecceto oder Torri mit dreistöckigem Kreuzgang), Burgen (Celsa oder Capraia) und bescheidene, nicht minder schöne Landvillen (Cetinale).

tergebracht, doch meistens wird auf der Terrasse davor gefrühstückt oder ein Drink eingenommen. Wenn nicht gar auf der kleinen Wiese, die zum Beispiel die drei Suiten nahe dem Pool sozusagen als Privatgarten haben.

Pier Luigi, der Sohn der Hotelierfamilie Pagni, hatte es satt, nur noch Gäste »als Nummer zu bedienen, wie das leider in einer Touristenstadt wie Siena kaum noch anders möglich ist«. Ihm verdankt es die Familie, dass Toiano ein so hübsches, angenehmes Haus geworden ist. Auch seine aus der Schweiz stammende Frau Katherine liebt Toiano, so kommen beide mindestens zweimal in der Woche in die Montagnola, wie das leicht gewellte und geschichtsträchtige Hügelland mit seinen Wehrdörfern, Kirchen und Burgen südwestlich von Siena heißt, um sowohl Gastgeber als auch ›Freizeitler‹ zu sein, denn Beides ließe sich hier wunderbar kombinieren. Da es bereits einige Stammgäste im kleinen Relais gibt, freuen diese sich wiederum auf die Gesellschaft der erfrischend sympathischen jungen Leute.

Restaurants in der Umgebung: »Cateni« in Orgia, einfach und familiär; »Montagnola« in Tegoia mit toller Aussicht, bei Italienern sehr beliebt; die rustikalen Pizzerie »Viri« und »Lo Sfizio« in San Rocco a Pilli; das elegante Restaurant »Vecchio Maniero« mitten im schönen Sovicille.

Aktivitäten: Die stark bewaldete Montagnola mit ihren sanften Rebhängen dazwischen ist ein hervorragendes Wandergebiet (gutes Kartenmaterial im Hotel erhältlich) und auch für Mountainbiker sehr geeignet; Leihräder gibt es auf Bestellung aus Siena. Zwei nahe Reitställe bieten Unterricht und Ausflüge an, über die Hotelrezeption zu buchen. Auch Wein-Degustation wird auf Gut Trecciano organisiert.

Ausflugstipps: Kloster von Torri mit einem der zauberhaftesten Kreuzgänge der Toscana (nur Mo+Fr 9–12 Uhr zugänglich) und in Orgia wenige km weiter das neue Museo del Bosco (Waldmuseum) mit interessanten Wandertouren (am Museumsgebäude angeschlagen) von 20 Minuten bis zu sieben Stunden. Ca. 20 km südlich steht die schönste Klosterruine der Toscana, San Galgano, genau so weit entfernt lockt im Nordosten Siena (s. S. 33, 35).

Klein, aber mit großzügigem Ambiente ist das Borgo di Toiano

Hotels/Siena & Chianti

18
L´Ultimo Mulino

Karte: E/F 6
Località Ripresa di Vistarenni
53013 Gaiole in Chianti (SI)
Tel. 0577 738520
Fax 0577 738659
Internet: www.chiantinet.it/hotelmulino
E-Mail: hotelmulino@chiantinet.it
Alle Kreditkarten
März bis 20.November sowie zu Weihnachten/Neujahr geöffnet

Preise: DZ als EZ 300 000 ITL, DZ 346 000–395 000 ITL, Suite 500 000 ITL, inklusive Frühstücksbüffet.

Anfahrt: Von der Autobahn Florenz – Arezzo Ausfahrt Valdarno Richtung Montevarchi, vorbei an Badia di Coltibuono und weiter auf der SS 429 Richtung Radda in Chianti bis zu den Hinweisschildern des Hotels, links auf die SP 2 nach Süden abzweigen und bald wieder links über eine mittelalterliche Brücke in den Wald zum Hotel.

Das Hotel: Andrea Mencarelli und seine Frau Daniela hatten vorher in großen Häusern gearbeitet und eines Tages entschieden: Es muss etwas her, das das Leben wieder lebenswert macht, das man lieben kann und wie ein zartes Kind pflegen, ohne sich selber zu vergessen, und ohne dass die Gäste nur eine Nummer sind. Sie fanden es 1998, als aus der Mühle, als solche belegt seit dem Jahre 1480, mit einem der größten denkbaren Wasserräder von 22 m Durchmesser eines der zauberhaftesten Hotels des Chianti wurde. L´Ultimo Mulino, die ›letzte Mühle‹, liegt unterhalb einer anderen bei der prächtigen Villa Vistarenni. Von der oberen Mühle erhielt die untere sozusagen das Restwasser (aber auch von einer eigenen Quelle). Vom herrlichen Rad blieben leider nur Nabe und Rinne übrig, aber imposant ist allein schon die etwa 2 m breite Schneise, die man dafür in den Felsen schlagen musste. Normalerweise drehen sich die Räder außerhalb der Mühlen, aber hier musste es wegen der steilen Hanglage innerhalb des Gebäudes funktionieren. Eine weitere Besonderheit der ›letzten Mühle‹: Ihr Rad drehte sich im Uhrzeigersinn, sonst gegen ihn, weil das Wasser nicht von unten nach oben geschöpft, sondern von oben aufgefangen werden musste. Noch heute fragt man sich, wozu der Vorraum, die heutige Hotelhalle, einst gedient haben könnte, denn typisch für eine Mühle ist er nicht; vielleicht war es eine Art Kasse für die Abgaben der Bauern an die Landbesitzer? Eine Art Zehnthaus im Haus?

Jedenfalls fühlt man sich hier gleich wohl, freut sich an der raffinierten Beleuchtung der historischen Bausubstanz, die auch in den wenigen Gästezimmern erkennbar ist, und seien es ›nur‹ nackt gebliebene Steinwände, manchmal wie ein Bild durch weiß gestrichenen rohen Putz gerahmt. Nur zwölf relativ kleine unterschiedliche aber gemütliche Zimmer (darunter ein behindertengerechtes mit eigenem Ausgang und Freiplatz) sind es und eine Suite mit zwei Bädern; ein Zimmer (Nr. 10) hat eine kleine Terrasse. Die Holzbalkendecken und die Cottoböden strahlen Wärme aus, wie man sie in der ländlichen Toscana sucht. Für die richtige Einstimmung sorgen die kleinen Blumensträuße, die in keinem Zimmer fehlen.

Auf einer Erdterrasse über dem Hotel hockt das kleine Schwimmbad, das aus zwei kalten Quellen gespeist wird, ist es doch das alte Wasserreservoir der Mühle. Keine Angst: Im Sommer heizt sich das Poolwasser von 14 auf 22/23°C auf und ab 2001 wird der Pool ohnehin beheizbar sein.

Ganz zauberhaft eingerichtet ist in einem kleinen Wintergarten oberhalb des Wildbaches das kleine Restaurant, das den Weg zu einer raffinierten toscanischen Küche gefunden hat. Mit teils eigenwilligen Variationen wie die *Fiocchi del Mulino:* Riesen-Tortellini, davon eines schwarz von Sepia-Tinte und mit Lachs gefüllt, eines weiß mit Käsecreme, mit einer Soße aus Baccalà und Steinpilzen serviert. Und

Perfektes Ambiente in der ›allerletzten Mühle‹: Ultimo Mulino

Tipp

Weinprobe und -kauf

An der Villa Vistarenni oberhalb des Mühlen-Hotels hat die Besitzerin, die Adelsfamilie Strozzi aus Florenz, eine Weinprobierstube mit Verkauf eingerichtet, die täglich außer sonntags geöffnet ist. Die Strozzi waren einst Besitzer des gesamten Gebietes zwischen Gaiole und Radda in Chianti. Auch die Cantina des Castello di Meleto ganz in der Nähe bietet ihre guten Chianti-Produkte an.

man sitzt, zwischen Mühlenmauer und Bach sozusagen mitten im dichten Laubwald, ein Labsal während der heißen Jahreszeit!

Insgesamt 13 Zimmer und dafür neun Mitarbeiter - kein Wunder, dass Andrea einen 24-Stunden-Service anbieten und bereits nach zwei Jahren behaupten kann, in der ›letzten Mühle‹ wahre Freunde unter den Gästen gefunden zu haben; etwas, das in einem großen Hotel niemals möglich wäre...

Restaurants im Chianti: s. S. 39

Ausflugstipp: Entlang der Via dei Castelli, der Burgenstraße des Chianti, beginnend mit der Villa Vistarenni oberhalb des Hotels, kann man die meisten Burgen und Schlösser, allesamt Wein- und Olivenölproduzenten, zumindest von außen besichtigen. Im Informationsbüro am Hauptplatz von Gaiole gibt es eine spezielle Broschüre zum Thema, mit Tourenvorschlägen.

Hotels/Siena & Chianti

Castello di Spaltenna **19**

Karte: F 6
Località Pieve di Spaltenna
53013 Gaiole in Chianti
Tel. 0577 749483
Fax 0577 749269
Internet: www.spaltenna.it, www.spaltenna.com
E-Mail: info@spaltenna.it, info@spaltenna.com
Kreditkarten: alle gängigen
Im Prinzip ganzjährig geöffnet, soll aber Januar/Februar geschlossen bleiben

Preise: DZ als EZ 310 000 ITL, DZ 370 000–480 000 ITL, Junior-Suiten 580 000 ITL, Senior Suiten 690 000 ITL, inklusive Frühstücksbüffet.

Anfahrt: In Gaiole in Chianti findet man nahe dem Rathaus bzw. dem Hauptplatz den ersten Hinweis zum nahen Hotel (ca. 1 km südwestlich).

Das Hotel: Aus dem einst kleinen Haus mit nur 15 Zimmern in den früheren Mönchszellen der befestigten Abtei aus dem 13. Jh. soll bald ein richtiges ›Hoteldorf‹ werden, so die Vorstellung seiner neuen Besitzer, die im Chianti auch ein offensichtlich gut gehendes Weingut bewirtschaften. Die aus dem 11. Jh. stammende und im 18. Jh. veränderte basilikale Klosterkapelle Santa Maria di Spaltenna gilt als die Mutterkirche von Gaiole in Chianti und bestimmt mit ihrem klobigen Glockenturm das Bild des Klosters, das im Laufe der Jahrhunderte zu einer Festung, eben dem Castello di Spaltenna, umgestaltet wurde. Zuletzt waren es ein weitgereister Ire und seine Frau, die mit viel Liebe und Geschmack vor allem die kleinen Klosterzimmer ausstatteten und dafür sorgten, dass die Küche einen guten wenn auch teuren Ruf genoss.

Nach dem Besitzerwechsel 1996 wird richtig gepowert, inzwischen locken 37 Zimmer, davon sechs Junior-Suiten und zwei Suiten, zahlungskräftige Gäste in das Hotel auf einem Hügel westlich von Gaiole, und es sollen noch ein paar Zimmer mehr werden; die neuen allesamt in Anbauten und Nebengebäuden, die amphitheatralisch aufgebaut um den

Tipp

DOC und DOCG

Dominazione di Origine Controllata (DOC) bedeutet, dass der Wein aus kontrolliertem Anbau stammt. Das verlangte das erste italienische Weingesetz, dem zunächst vor allem im Chianti gefolgt wurde. Doch 1984 wurde das Gesetz verschärft: Nun heißt es Dominazione di Origine Contrallata e Garantita (DOCG), enthält also auch noch die Garantie dafür, dass alles stimmt... Zu erkennen an der rosafarbenen Baderolle am Flaschenhals. Aber nicht bei allen Winzern. Denn manche, vor allem die teuersten Weine, werden mit absolutem Understatement als Vino da Tavola, also Tischwein deklariert, was sie natürlich keineswegs sind und was Kenner wissen und daher die teilweise enormen Preise dafür zahlen. Beispielsweise für einen Sassicaia aus dem meernahen Bolgheri...

Pool und die kleine beheizte Schwimmhalle mit Sauna und kleinem Fitnessraum auf einer weiten Erdterrasse stehen. Darunter sollen noch ein paar wenige Super-Suiten mit eigenem Pool entstehen, »falls Bill Gates kommt und allein sein will...« Vorerst müsste auch er sich mit einer der Suiten im Casale am Rande nahe dem Tennisplatz begnügen, immerhin mit Kamin im Wohnraum und kleinem Balkon mit Talblick, mit Antiquitäten eingerichtet, der Sammelleidenschaft des neuen Besitzers folgend, etwa Nummer 28 oder 31.

Den Gästen stehen weite Wiesenflächen mit stolzen Zypressengruppen und ausladenden Pinien zur Verfügung. Zwischen Pool und Hauptgebäude breitet sich eine Terrasse aus, auf der bei schönem Wetter gefrühstückt wird und mittags Snacks aus der Bar dahinter eingenommen werden können. Sonst gibt es wenig Aufenthaltsmöglichkeiten innen – um so schöner und einladender ist das parkähnliche Grundstück. Ein Jogging-Parcours soll demnächst durch den Wald führen.

Die Küche, neuerdings wieder von einem Toscaner dirigiert, rühmt sich einer gewissen Italienità mit Toscana-Touch und verfügt über einen schönen Hauptraum, dessen Höhe beide Stockwerke des früheren Klosters erfasst; kleineren Gesellschaften steht ein Nebenraum zur Verfügung.

Besichtigung: Gaiole in Chianti mit dem einladend zur Fußgängerzone umgestalteten Hauptplatz, der nun etwas an Greves Piazza erinnert.

Ausflugstipp: Burgenstraße des Chianti, s. S. 47

Restaurants im Chianti: s. S. 39

Das Castello di Spaltenna soll einmal ein richtiges ›Hoteldorf‹ werden

Hotels/Siena & Chianti

Albergo del Chianti
20

Karte: E 5/6
Piazza Matteotti 86
50022 Greve in Chianti (FI)
Tel. 055 853763 und 055 853764
Fax 055 853763
Internet: www.albergodelchianti.it
E-Mail: info@albergodelchianti.it
Kreditkarten: Visa Card
Ganzjährig geöffnet

Preise: DZ 170 000 ITL, inklusive Frühstück.

Anfahrt: Einfacher geht´s nicht, denn das kleine Hotel steht direkt an der wohl berühmtesten Piazza des Chianti, über die wunderschöne Chiantigiana/SS 222 zwischen Florenz und Siena zu erreichen.

Das Hotel: Im 13. Jh. soll hier ein Kohlenlager gestanden haben, dann wurde ein Wohnhaus aus dem Gebäude. Seit 1993 besitzt die Familie Bussotti das kleine, erst 1985 zum Hotel umgestaltete Haus am Rande der großen dreieckigen Piazza Matteotti mit ihren Bogengängen und Terrassen darüber mitten im Weinort: Vater (und Winzer) Marco Bussotti und die Söhne Francesco und Davide mit ihren Frauen.

Über die 16 Zimmer, davon zwei Einzel- und zwei Dreibettzimmer, ist zu sagen, als dass sie freundlich, aber einfach eingerichtet sind. Aber deswegen kommt man auch nicht ins Albergo del Chianti. Sondern weil es irgendwie eine Mischung aus altmodisch und locker bietet: Die relativ kleine Halle mit der Rezeption schmückt eine Ölpresse aus dem

Tipp

Antica Macelleria Falorni

Die Metzgerei, für die diese Bezeichnung geradezu banal klingen mag, ermöglicht nicht nur dem Chianti-Neuling den perfekten Einstieg in die kulinarische Welt des Weinlandes. Die Familie Falorni, die auch die besten Restaurants der Toscana u.a. mit Fleisch, den eigenen Wurstwaren und Schinken sowie mit weißem, dem Lardo von Colonnata ähnlichen Speck (»Bianco della Valdigreve«) beliefert, lockt direkt an der Piazza Matteotti mit kostenlosen Kostproben ihrer Produkte, dazu gibt es den passenden Wein, den man allerdings zahlen muss.

Jahre 1836, in den zu Dekorationszwecken halbierten Eichenfässern werden Weinflaschen gelagert, ein paar Sessel bilden die ›gemütliche Ecke‹, eine Bar verführt schon früh am Tag zu einem Drink. Aber am schönsten ist der Garten mit dem im Jahr 2000 völlig renovierten Pool – inmitten der Häuser von Greve und direkt neben einer kleinen Bäckerei, der schon früh morgens herrliche Düfte entströmen. Wehe dem, der sich eine Diät verschrieben hat, aber was macht das schon bei einem Chianti-Urlaub aus? Wäre ohnehin schade, denn im kleinen Hotel werden abends Gäste einfach aber guttoscanisch bekocht; die kleine Karte kann sich wirklich sehen lassen. Und man speist normalerweise draußen unter einer Rosenpergola zwischen Haus und Pool. Dort wird auch das

Frühstück eingenommen, für das ein reiches Büffet in der Halle aufgetischt wird. Das gilt auch für den Nachtisch am Abend, ob Käse, Obst oder Süßes: Man holt es sich selber. Zum Wein ist zu verraten, dass Vater Marco Bussotti einen eigenen produziert, einen Chianti Classico auf einer Rebfläche von acht Hektar, nur 1 km entfernt. Fattoria Viticcio heißt das Landgut und besitzt außerdem 850 Olivenbäume, die nicht nur für das Hotel das schmackhafte Olivenöl liefern. Man kann beide Produkte im Hotel kaufen.

Ob mit oder ohne den Chianti Classico – im Albergo del Chianti verbringt man ungezwungene Ferien, und auch Kinder fühlen sich hier wohl. Auslauf finden sie ebenso wie die Eltern im ›erweiterten Salon‹ des Hotels, auf der Piazza Matteotti mit ihren zahlreichen Cafés, Bars und Trattorien, die fast für jeden Geschmack etwas bieten.

Cafés und Restaurants in Greve: Den leckersten *Latte macchiato* gibt es im »Caffè Le Logge« unter dem Bogengang des Platzes, aber auch Weinproben, Käse und Wurst sowie andere Leckereien täglich 6.30–24 Uhr. Die frühere kleine Rosticceria (Schnellimbiss) hat sich zur »Osteria Mangiando Mangiando« mit echter toscanischer Hausmannskost (mit erstaunlich vielen Salat-Variationen) gemausert und befindet sich in nächster Nähe des Hotels. Seit Jahren eine gute Adresse ist das »Gallo Nero« im Ort und die »Taverna del Guerrino« im nahen Vorort Montefioralle.

Ausflugstipps: Die Weinstraße des Chianti mit ihren Burgen und Schlössern (s. S. 47).

Restaurants im Chianti: s. S. 39

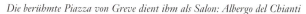
Die berühmte Piazza von Greve dient ihm als Salon: Albergo del Chianti

21
Borgo San Felice

Karte: F 6/7
Località San Felice
53019 Castelnuovo Berardegna (SI)
Tel. 0577 3964
Fax 0577 359089
Internet: www.relaischateaux.fr/borgo-felice
E-Mail: borgofelice@flashnet.it
Kreditkarten: alle gängigen
Geöffnet April bis Oktober

Preise: EZ 335 000 ITL, DZ 490 000 ITL, Junior-Suiten 840 000 ITL, inklusive Frühstücksbüffet.

Anfahrt: Von der Autobahn Florenz – Arezzo Ausfahrt Val di Chiana/Bettola/Siena auf die SS 73 Richtung Siena, dann am besten die Ausfahrt Richtung Castelnuovo Berardegna ignorieren, weiter bis zur Abzweigung Montaperti fahren, dort nach rechts abbiegen und den Hinweisschildern nach San Felice folgen.

Das Hotel: Das 1989 eröffnete Relais & Chateaux-Hotel nimmt einen Großteil des Dorfes Borgo San Felice ein, die Kirche und ein paar der noch ›normal‹ bewohnten Häuser ausgenommen – wo Kies gestreut ist, gehören die Gebäude zum Hotelkomplex, also auch die kleine Kapelle vor der ›Villa‹. Um den Besitz der Pfarrei San Felice in Avane stritten sich bereits 714 die Bischöfe von Siena und Arezzo, später ging er an toscanische Adelsfamilien wie die Bandinelli Cerretani aus Siena und Ende des 18. Jh. an den Markgrafen Guarini Grisaldi del Taja. 1978 erwarb eine große Versicherungsgesellschaft das Anwesen inklusive landwirtschaftlichem Gut für Wein- und Olivenölproduktion. Den Wein Marke Eigenbau kann man im Borgo in einer verlockend eingerichteten Enoteca probieren und kaufen und ein paar andere Produkte auch.

Hübsch ist die Idee, an allen Gebäuden den alten Namen anzubringen, so weiß man gleich, welchem Zweck sie früher dienten. Etwa am Haupthaus mit der Rezeption und den Aufenthaltsräumen, den vier ineinander gehenden Salons, ›Il Forno‹ (der Backofen). Das war die Bäckerei, unten mit Stallungen und oben mit der Wohnung der Bäckerfamilie. Die Sitzmöbel sind allesamt recht ›sommerlich gekleidet‹, mit hellem Leinen überzogen, der auch Sonnentage vortäuscht, wenn es draußen etwas finster ist. Einen der Salons, mit Piano-Bar, schmückt eine Balkendecke.

45 Zimmer groß ist San Felice, davon sind sechs Einzelzimmer, 27 Standard-Doppelzimmer und zwölf Suiten. Die Villa in klaren Renaissanceformen im Dorfzentrum nennt man hotelintern ›Il Palazzo‹, hier befinden sich außer der kleinen Bibliothek und einem ›Winterzimmer‹ mit großem Kamin für den Aufenthalt an kühlen Tagen auch ein paar der schlichteren Zimmer, die zwar hübsch eingerichtet sind, aber nichts Überflüssiges haben. Weitere Gästezimmer sind in der ›Forestiera‹ nebenan untergebracht, dazu ein paar einladende Junior-Suiten, etwa Nr. 123 mit hübsch bemalter Balkendecke im Wohnraum. Rustikaler sind die Zimmer im ›Frantoio‹, der früheren Ölmühle also, mit relativ niedrigen Kassettendecken.

Das San Felice ist ein Sommerhotel, und im Sommer lebt man

hauptsächlich draußen, speist also auch nicht im großzügigen Restaurant in der früheren Lagerhalle für die landwirtschaftlichen Geräte des Gutes, sondern davor auf der ausladenden Terrasse, die sich bis zum beheizbaren Pool hinzieht, wo noch eine Extra-Poolbar steht.

Das Restaurant ist sehr auf Eleganz bedacht, in der Einrichtung wie in der Küche; ihr Piemonteser Chef zieht die Kreativität der Bodenständigkeit vor, auch wenn er vielfach echt toscanische *materia prima* benutzt wie Chianina-Rindfleisch oder Cinta senese (Schweinefleisch).

Aktivitäten: Sportliche Urlauber finden zwei Tennisplätze vor, ein kleines Fitnesszentrum und Mountainbikes; außerdem Bocciabahnen und ein Billardzimmer.

Ausflugstipps: Strada dei Castelli im Chianti (s. S. 47); speziell das nahe Castello di Brolio und Castello di Meleto im Norden, beide mit bekannten Kellereien, die man besichtigen und in deren Ausstellungsräumen man den gutseigenen Wein, Olivenöl etc. kaufen kann.

Tipp

Fattoria Felsina

Nur einen Steinwurf von Borgo San Felice entfernt liegt die Fattoria Felsina, eines der historischen und architektonisch besonders angenehmen, kein bisschen aufgemotzten Landgüter des Chianti mit berühmten, wenn auch teuren Weinen. Man kann auf der Fattoria Ferienwohnungen mieten und hoffen, dass nicht allzu viele Neugierige zwischen den beiden hohen Zypressen zum Weineinkauf einfahren...

Luxus der zurückhaltenden Art bietet das Borgo San Felice

Hotels/Siena & Chianti

22
Relais Fattoria Vignale

Karte: E 6
Via Pianigiani 9
53017 Radda in Chianti (SI)
Tel. 0577 738300
Fax 0577 738592
Internet. www.vignale.chiantinet.it
E-Mail: vignale@chiantinet.it
Kreditkarten: alle gängigen
Geöffnet Ende März bis Anfang Dezember sowie Neujahr

Preise: EZ 220 000 ITL, DZ 280 000 –380 000 ITL, Suiten mit Terrasse 500 000 ITL, inkl. Frühstücksbüffet.

Anfahrt: Das Hotel liegt direkt an der Ortsdurchfahrt von Radda in Chianti (Parkplatz darunter).

Das Hotel: Dass das Vignale ein so herrschaftlich-schönes Anwesen ist, verdankt es seiner interessanten Geschichte. Bereits die ersten bekannten Besitzer, die Familie Falconi, trieben Weinhandel mit England, ihr folgten die Piangiani, deren Spross Baldassare 1924 dank seiner Tätigkeit als Notar den »Gallo Nero«, den Schwarzen Hahn also, als Marke aus der Taufe hob und das Konsortium des Chianti Classico gründete. Es residiert übrigens noch in den Räumen des Vignale, mitsamt interessantem Archiv.

Von Anfang an, seit 1986, steht das Hotel unter der Leitung der Schweizerin Silvia Kummer. Heute besitzt es 37 Zimmer, davon sechs Junior-Suiten und zehn Zimmer im Nebengebäude jenseits der Straße (früher die Enoteca). Alle an sich relativ kleine Einheiten, aber meist mit großartigen Ausblicken ins Chianti, und außerdem hat man die Salons! So einladend-schöne Aufenthaltsräume wie das Vignale hat kaum ein Hotel im Chianti, an kühlen Abenden wird das Kaminfeuer angezündet und man genießt ein Ambiente zwischen Historie und – nicht übertriebener – Eleganz. Die wichtigsten europäischen und amerikanischen Tageszeitungen liegen aus – Sonderwünsche braucht man nur zu äußern: Im Chianti ist es kein Problem, ›seine‹ Zeitung aktuell zu bekommen!

Dass das Hotel direkt an der Ortsdurchfahrtsstraße steht, braucht nicht zu stören, denn das Haupthaus zieht sich in Terrassen abwärts ins Tal, auf einer breitet sich der große Pool mit Traumblick aus, unter einer riesigen Pergola lockt im Sommer die Frühstücksterrasse, wo mittags auch ein Snack und später das Abendessen eingenommen werden kann. Es wird nicht so aufwendig gekocht wie im gleichnamigen Gourmet-Restaurant schräg gegenüber dem Hotel, sondern

---

Tipp

Casa Porciatti

An der Piazza IV Novembre befindet sich seit drei Jahrzehnten Raddas beste Metzgerei »Porciatti« mit einem großen Angebot an Gastronomia, also kulinarischen Spezialitäten: zum gleich essen oder als typisches Mitbringsel. Das verwendete Fleisch soll von garantiert ohne Antibiotika gezüchteten und mit reinem Futter aufgewachsenen Tieren von Farmen aus der nächsten Umgebung stammen.

passend zum Ambiente des Kellergewölbes, in dem man neuerdings die nur abends geöffnete Taverne für die kühlere Jahreszeit untergebracht hat.

Die Enoteca des Hauses ist unbedingt einen Besuch wert: Auch wenn das Weingut Vignale nicht mehr im selben Besitz ist wie das Hotel, zur Fattoria hält man die Treue, verkostet und verkauft aber auch andere edle Chianti-Tropfen.

Besichtigung: Radda in Chianti in hohen Mauern und mit verlockenden Lebensmittelgeschäften und Weinhandlungen ist mehrere Bummel wert. Auch eine *Ghiacciaia* existiert noch, ein Eiskeller mit interessanter Architektur (Hinweisschilder), in der sich jetzt ein Antiquitätenladen befindet.

Restaurants in Radda: »Taverna del Vignale« in den herrlichen Gewölben des Hotels, mit etwas verfeinerter lokaler Küche und guten Weinen. »Vignale« rund 200 m vom Hotel entfernt, ein – teurer – Gourmet-Treff.

Restaurants im Chianti: s. S. 39, und zu Füßen von Vignale das angenehme »Le Vigne« auf einem kleinen Landgut mitten in den Weinbergen.

Ausflugstipp: Burgenstraße des Chianti s. S. 47

Haupthaus und Pool des Relais Fattoria Vignale wenden sich dem Tal zu

Hotels/Siena & Chianti

23
Salivolpi

Karte: E 6
Via Fiorentina 89
53011 Castellina in Chianti (SI)
Tel. 0577 740484
Fax 0577 740998 (nachts 0577 741034)
Internet: www.hotelsalivolpi.com
E-Mail: info@hotelsalivolpi.com
Kreditkarten: alle außer Diners
Geöffnet: ganzjährig

Preise: DZ 165 000 ITL, Zusatzbett 57 000 ITL, inklusive Frühstücksbüffet.

Anfahrt: Das kleine Landhotel steht am nordöstlichen Ortsrand von Castellina Richtung San Donato.

Das Hotel: Das reizende Hotel mit nur 19 Doppelzimmern im Haupthaus und in zwei weiteren Nebengebäuden wird seit Jahren liebevoll von Angela Orlandi, der Tochter einer der beiden Sieneser Familien (Orlandi und Falassi), die gemeinsam ein weiteres Kleinod im Chianti, das »Belvedere San Leonino«, s. S. 58) ausgebaut haben und führen. Seit 1982 befindet sich das Salivolpi in der früheren *Casa rustica*, in deren Stall, Heuschober und Geräteschuppen, und wie sich beim Aushub für den Pool zeigte, über einem etruskischen Grabhügel. Ein paar Funde, Keramikscherben vor allem, hat man dekorativ in den früheren Backofen in der jetzigen Empfangshalle mit dem gemütlichen Salon gelegt. Am nahen etruskischen Brunnen wird noch gegraben, interessierte Gäste sollten sich danach erkundigen.

Eigentlich nennt sich das Hotel im gedrungenen Natursteinhaus, dessen Entree von einem hohen Backsteinbogen geprägt ist, »Colle Etrusco Salivolpi«, doch im nahen Castellina kennt jeder nur »das Salivolpi«.

Schon am Empfang hat man das sichere Gefühl, hier länger bleiben zu wollen

Die Zimmer sind, wie es sich für ein einst einfaches Bauernanwesen gehört, eher bescheiden, aber gemütlich eingerichtet, haben Holzbalkendecken und schmiedeeiserne Bettgestelle, schlichtes, bäuerliches Mobiliar und weiße, rau verputzte Wände; nur vier Zimmer haben eine Badewanne, die anderen Duschbäder, was man im Chianti öfters vorfinden dürfte. Draußen haben die Gäste relativ viel Auslauf in einem nicht überfrachteten Garten um den recht großen Pool herum, mit weitem Chianti-Blick natürlich, hockt das Haus doch eben auf jenem *Colle etrusco*, einem die Landschaft dominierenden Hügel, wohl dem Ursprung des hübschen Chianti-Ortes Castellina.

Das Salivolpi bietet nur Übernachtung mit Frühstück an, doch wer möchte, kann im »Belvedere San Leonino« zu den dortigen Gästen stoßen und zu Abend essen – ein festes, toscanisches Menü zu einem soliden Festpreis, das täglich wechselt.

Restaurants in Castellina: Hochpreisig, aber hervorragend ist das »Albergaccio di Castellina« am Rande des Städtchens (s. S. 112), »Gallo Papa« eine neue Birreria in der Via delle Volte, »L´Antica Trattoria alla Torre«, eine 2000 total umgebaute Institution am Hauptplatz zu Füßen des Festungsturmes.

Besichtigung: Natürlich Castellina, eines der Paradestädtchen des Chianti, das allerdings schon lange vom Tourismus geprägt ist. Aber die historische Substanz mit hohem Festungsturm und Teilen der Mauer sowie einige fast feudale Renaissancehäuser sind erhalten. Die Hauptgasse wurde mitsamt Piazza Castello zur Fußgängerzone, im Sommer finden Konzerte und Kunstausstellungen statt, man kann in mehreren Cantine Wein verkosten und kaufen, in einigen Restaurants relativ teuer, aber auch meist gut speisen.

Ausflugstipps: Burgentour durch das Chianti, ob mit dem Wagen s. S. 47 oder auf Wanderungen, für die es sogar spezielle Chianti-Wanderkarten zu kaufen gibt.

Weitere Restaurants im Chianti: s. S. 39

Tipp

Samstag-Markt mit Porchetta

Jeden Samstag erwacht das an sich trotz Tourismus (meist in Ferienhäusern ringsum) beschauliche Castellina in Chianti ein wenig aus seinem Dornröschenschlaf: Es ist Markt auf der Piazza Castello im Schatten desselben. Da kommen fahrende Händler aus dem gesamten Chianti und von weiter her ins Zentrum des Weinanbaugebietes, verkaufen vor allem Lebensmittel, Haushaltswaren und Wäsche. Bei den Einheimischen beliebt ist der Porchetta-Wagen aus Pienza, auf dem das große, mit Kräutern und Gewürzen sowie Innereien gefüllte und kross gebratene Jungschwein frisch in Scheiben geschnitten, nochmals mit Salz und Pfeffer gewürzt in ein Brötchen gedrückt wird. Fertig ist der vormittägliche Snack! Dazu ein großer Schluck Rosso di Montalcino aus dem Plastikbecher...

24
Belvedere San Leonino

Karte: E 6
Località San Leonino
53011 Castellina in Chianti (SI)
Tel. 0577 740887
Fax 0577 740924 (nachts 0577 740134)
Internet: www.hotelsanleonino.com
E-Mail: info@hotelsanleonino.com
Kreditkarten: alle außer Diners
Geöffnet April–Dezember

Preise: DZ 185 000–195 000 ITL, Zusatzbett 35%, inklusive Frühstücksbüffet.

Anfahrt: Von Castellina die SS 222 Chiantigiana nach Süden Richtung Siena bis zum Hinweis nach San Leonino fahren; das Hotel liegt direkt an der wenig befahrenen Nebenstraße und ist gut ausgeschildert.

Das Hotel: Seinen Namen trägt das freundliche Hotel zu Recht, es ist tatsächlich das Belvedere von San Leonino, der Aussichtspunkt der kleinen Pfarrei südlich von Castellina. Dieses erst 1987 eröffnete Haus wird wie das »Salivolpi« von einer Orlandi-Tochter geleitet. Das San Leonino ist geprägt von der bäuerlichen Bausubstanz des beginnenden 15. Jh. und der langen, gemütlichen Halle im früheren Stall mitsamt eingemauerten Futtertrögen und drei raumüberspannend breiten Cottobögen. Es zählt insgesamt 28 Zimmer, die teilweise noch schönen alten Cottoboden, im Obergeschoss auch dicke Deckenbalken besitzen und recht unterschiedlich groß sind. Auch im Hauptgebäude und im Nebenhaus, dem früheren Heuboden, der näher am großen Pool mit Rundum-Panorama steht, sind Gästezimmer untergebracht.

Die Zimmer im Erdgeschoss des Haupthauses haben zwar keinen freien Blick, dafür sind sie im Hochsommer angenehm kühl. Zimmer 32 im Obergeschoss hat einen eigenen Zugang über eine Außentreppe, ist fast so etwas wie ein einzeln stehendes Haus, was ja viele im Chianti mögen. Doch die meisten Gäste reißen sich um die Poolzimmer, obwohl sie tagsüber dem Lärm des vergnügten Planschens im Becken ausgesetzt sind – nicht nur wegen ihrer größeren Aus-

---

Tipp

Sienas Contrade

Die Sieneser Contrade könnte man in etwa mit Nachbarschaftsgemeinden übersetzen, jedenfalls wurde ihr Zusammenleben bereits 1262 gesetzlich geregelt, ebenso ihre Aufgaben, wobei alle zusammen die Verteidigung ihrer Stadt, also Siena zum Ziel hatten. Im 14. Jh. existierten 42 Contrade – seit 1718 sind es nur noch 17, dafür größere. Sie kümmern sich nicht mehr um die militärische Sicherheit und die Sauberkeit ihrer Stadt, jedoch weiterhin um die soziale Sicherheit ihrer Mitglieder, also um Alte und Jugendliche ebenso wie um Kranke – und sie richten als höchste Aufgabe gemeinsam den Palio aus (s. S. 60).

Das San Lorenzo ist ein echtes Belvedere mit Blick auf das gleichnamige Dorf

maße. Man hat wohl das Gefühl, aus dem Zimmer direkt in den Pool springen zu können.

Im Sommer wird im Freien gespeist – d. h. mittags gibt es nur Salate und kalte Platten, abends ein täglich wechselndes Menü mit Variationsmöglichkeiten zu vernünftigen Preisen. Nur für die Hausgäste und die Gäste von »Salivolpi« (s. S. 56), falls Platz bleibt. Das eigentliche Restaurant namens »Il Cortile« befindet sich im früheren Schweinestall oder der Holzlege für die drei Bauernfamilien, die hier als Halbpächter lebten. So genau weiß man das nicht mehr, jedenfalls sitzt man gemütlich unter dicken Holzbalken und teils rohen Steinwänden im einfach-bäuerlich eingerichteten Raum. Interessant sind für Kenner die Wappen der Sieneser Contrade an den Restaurantwänden, eine Sammlung des Alessandro Falassi, eines der Mitbesitzer von »Salivolpi« und »Belvedere«, der aus Sienas historischem Leben nicht wegzudenken wäre – er gilt als *d e r* Palio-Papst der Stadt, forscht und unterrichtet im Sommer an der Ausländeruniversität Sienas und im Winter im fernen Kalifornien.

Ausflugstipp: Burgenstraße des Chianti (s. S. 47)

Restaurants im Chianti: s. S. 39

Hotels/Siena & Chianti

25
Villa Casalecchi

Karte: E 6
Località Casalecchi di Sotto 18
53011 Castellina in Chianti (SI)
Tel. 0577 740240
Fax 0577 741111
Internet: www.venere.it (für einige Hotels in Castellina in Chianti gemeinsam)
E-Mail: villacasalecchi@katamail.com
Kreditkarten: alle
Geöffnet Ende März bis Ende Oktober

Preise: DZ 330 000–390 000 ITL, Apartments 330 000–440 000 ITL für zwei bis vier Personen, jeweils inklusive Frühstücksbüffet.

Anfahrt: Der Chiantigiana/SS 222 südlich von Castellina Richtung Siena folgen, nach 2 km links abfahren und weiter über eine gut ausgebaute Staubstraße in den Wald bis zum Villenhotel.

Das Hotel: Wunderschön liegt diese herrschaftliche Villa vom Ende des 19. Jh. auf einer ausladenden, freien Erdterrasse inmitten eines dichten Waldes mit weitem Talblick. Schon die Einfahrt auf das weitläufige Parkgrundstück ist großartig und läßt einen tief durchatmen. Beim Betreten mag die Villa angesichts der dunklen Täfelungen dann etwas finster wirken – aber das ist schnell vergessen, wenn man auf die Terrasse tritt und den Pool eine Etage tiefer erblickt.

An diesem schönen Platz ließ die Familie Giovannoni Lecchini 1884–1886 ihren alten Besitz vom befreundeten Architekten Poggi zum Sommersitz ausbauen, wo sie auch

Tipp

Palio in Siena

Zweimal jährlich, nämlich am 2. Juli und am 16. August, steht die schöne Stadt Kopf. Dann wird Sienas Palio ausgerichtet, jeweils zehn Contrade kämpfen dabei in einem halsbrecherischen Ritt ihrer bezahlten Fantini um die Standarte (Palio), beim nächsten Mal dann die übrigen sieben zusammen mit den drei vom Vorjahr ausgelosten Contrade. Dreimal galoppieren sie um den Campo, dreimal vorbei an der gefährlichen Kurve von San Martino, die trotz dicker Decken zum Schutz von Reitern und Pferden fast jedes Mal für einen oder mehrere Unfälle sorgt.

Die Zugehörigkeit zu einer Contrada wird sehr ernst genommen, besonders ernst beim Palio. Denn in eine Contrada wird man hinein geboren, und man bleibt sein ganzes Leben ihr Mitglied, auch wenn man in eine andere Contrada hinein heiratet. Folgerichtig kann dies bei ›Mischehen‹ während des Palio zu aufbrausenden Emotionen führen, was zumindest kurzfristige für eine Trennung spricht...

die Weihnachtstage und Ostern zusammen mit Freunden zu verbringen pflegte. Nicht anders als die meisten Gäste, die seit den 60er Jahren das Hotel aufsuchen, das, obwohl sich die sehr betagte Besitzerin des Hauses nur noch selten sehen läßt, weiterhin in einer angenehm-familiären Atmosphäre geführt wird – denn die alte Dame ist immer in greifbarer

Von einem schattigen Steineichenwald umgeben: Villa Casalalecchi

schönsten sind diejenigen im *Piano nobile* mit hohen Decken), sondern auch der große Freiraum, den jeder Gast haben kann, ob im Freien oder in den gemütlichen Salons. Und das elegante Restaurant zählt seit vielen Jahren zu den richtig guten im Chianti, wobei im Sommer auch auf der Terrasse aufgetischt wird. Von der schönen Lage, die man dann beim Essen genießt, kann man einfach nur schwärmen...

Restaurants in und um Castellina: Eine der bekanntesten Adressen ist das alteingesessene, 2000 total umgestaltete »La Torre« an der Piazza Castello, am Ortsrand hat sich das ganz feine »Albergaccio di Castellina« einen Namen gemacht (s. S. 112) und Richtung Poggibonsi an der Haupt-

Im Restaurant »Albergaccio di Castellina« werden nicht nur vorzügliche Paste serviert

Nähe. Was später einmal aus dem schönen Anwesen wird, weiß niemand vom freundlichen Personal zu sagen, weil die voraussichtlichen Erben nicht im Hotel arbeiten. Wäre schade um das schöne Haus, das nur über 16 Zimmer in der Villa plus weitere sieben in den früheren Stallungen verfügt!

Vorne hat die Villa zwei, hinten zum Garten mit Pool und Weinberg darunter drei Stockwerke, so muss man von der Halle in den Garten eine steile Treppe hinabsteigen, desgleichen zu den unteren Zimmern. Das Besondere an diesem Villenhotel ist nicht nur der vielleicht etwas altmodische Stil der holzgetäfelten Räume und der mit schweren Antiquitäten eingerichteten Zimmer (am

straße das ländlich-gute »Pestello« (s. S. 111).

Ausflugstipps: Das Chianti mit seinen Burgen und Weingütern (s. S. 47); Siena (s. S. 35).

26
Pescille

Karte: D 6
Località Pescille
53037 San Gimignano
Tel. 0577 940186 und 0577 943165
Fax 0577 943165 und 0577 943149
Internet: www.pescile.iol.it
E-Mail: pescile@iol.it
Kreditkarten: alle gängigen
Geöffnet Mitte März bis Ende Oktober

Preise: DZ 180 000–200 000 ITL, mit Klimaanlage und Sat-TV 230 000 ITL, Suiten 260 000–310 000 ITL, Extra-Bett 35%, inkl. Frühstücksbüffet.

Anfahrt: 3 km von San Gimignano an der SS 47 Richtung Castel San Gimignano und Volterra; ausgeschildert.

Das Hotel: Seit 1968 ist das Drei-Sterne-Hotel der Brüder Gigli, von Beruf eigentlich Winzer und Olivenölproduzenten, ein Haus für unkomplizierte Reisende, die zwar die Kulisse San Gimignanos mit seinem oft überlauten Tourismus nicht missen möchten, aber doch den notwendigen Abstand gewahrt wissen wollen.

Doch allein schon das ländliche Hotel im lang gezogenen Natursteinhaus, dem man es gar nicht ansieht, 40 Doppelzimmer und zehn Suiten zu haben, ist die Anreise wert. Oder der Garten auf mehreren Terrassen des Landgutes, der San Gimignano fast brüskierend den Rücken kehrt. Dafür findet hier im sehr großzügigen, liebevoll gepflegten Ambiente jeder ein ruhiges Plätzchen unter einer Ranken-Pergola oder in der knallheißen sommerlichen Sonne am Pool. Sollte es doch kühl werden, kann man sich in die gemütlichen Räume zurückziehen, darunter ein Kamin- und ein TV-Raum auf verschiedenen Ebenen, durch wenige Stufen voneinander getrennt und doch behindertengerecht miteinander verbunden. Die Aufenthaltsräume sind dekoriert mit zeitgenössischen Bildern von Taddeo di Bartolo oder großen Tonkrügen, die man in der Fattoria ausrangiert hat, und mit teils bäuerlichen, teils modernen Sitzmöbeln bestückt, z. T. sogar mit Bauhaus-Stühlen.

Die Zimmer sind schlicht und doch heimelig mit bäuerlichen Möbeln eingerichtet und haben grüne Fensterläden, die ›Sommer‹ signalisieren; die Bäder sind relativ eng – mehr gaben die alten Strukturen nicht her. Aber ins Pescille kommt man schließlich, um vor allem draußen zu sein oder mit anderen Gäste zu kommunizieren, wozu die schönen Salons geradezu einladen. Sportliche Urlauber finden Pool (mit Liegewiesen) und Tennisplätze vor. Und bekommen gute Tipps für Restaurants in der Umgebung, weil das Hotel selber nur Frühstück serviert. Den Wein gibt es direkt nebenan aus der Cantina des Landgutes.

Aktivitäten: Tennis auf den hoteleigenen Plätzen.

Restaurants in und um San Gimignano: »Bel Soggiorno« im gleichnamigen Hotel im historischen Zentrum mit guter toscanischer Küche in angenehmem Ambiente; »Trattoria Albana« im Dörfchen Mazzola, winzig, gut, aber mit leicht überzogenen Preisen. In Colle Val d'Elsa zwei Super-Adressen: das Michelin-besternte »Arnolfo« in der

Oberstadt und die »Antica Trattoria« (s. S. 108). In Certaldo: die »Osteria del Vicario« (s. S. 107).

Besichtigung: Allen Unkenrufen zum Trotz muss man zumindest eine Besichtigung von San Gimignano einplanen, denn sein Ortsbild mit der dreieckigen Piazza Cisterna, umgeben von mittelalterlichen Palazzi, ist anrührend-schön. Und dann gibt es noch die reichen Kunstsammlungen. Beginnend mit der sogenannten Collegiata, dem Dom des unter UNESCO-Schutz gestellten Ortes, dessen Freskenzyklen zum Alten und Neuen Testament einfach großartig sind. Und von der Ruine der Rocca dahinter, in deren Innenhof im Sommer kulturelle Veranstaltungen stattfinden, genießt man den schönsten ›Nah-Blick‹ auf die Geschlechtertürme.

Ausflugstipp: Volterra (s. S. 65) ca. 30 km südwestlich gelegen; nach Südosten, jeweils knappe 10 km entfernt,

Tipp

Vernaccia di San Gimignano

Böse Zungen behaupten, es würde so viel Vernaccia di San Gimignano produziert, dass es gar nicht genügend Rebfläche im ›abgesteckten‹ Anbaugebiet des DOC-Weines gäbe. Der strohgelbe, trockene Wein bot von Anfang an jedoch ein Pendant zum häufig schweren roten Chianti. Eine Adresse, auf die man sich auch beim Vernaccia di San Gimignano verlassen kann, ist das Weingut Guicciardini Strozzi auf der Fattoria Cusona, wo der Wein sogar als Riserva ausgebaut wird.

Colle Val d'Elsa auf drei Bergrücken mit lebhafter Unterstadt und guten Restaurants sowie das kleine mittelalterliche, völlig ummauerte Monteriggioni.

Angenehm-schlichtes Ambiente prägt das Hotel Pescille

Hotels/Westlich von Siena mit San Gimigano und Volterra

27
Villa Rioddi

Karte: D 6
Località Rioddi
56048 Volterra (PI)
Tel. 0588 88053
Fax 0588 88074
Internet: http://www.sirt.pisa.it/villa-rioddi
E-Mail: v.rioddi@sirt.pisa.it
Kreditkarten: alle gängigen
Geöffnet März bis Mitte Januar

Preise: DZ 170 000 ITL, Dreibettzimmer 200 000 ITL, Vierbettzimmer 235 000 ITL, inkl. Frühstück; Apartment für Selbstversorger 800 000–1,2 Mio. ITL für 2–4 Personen.

Anfahrt: Von Florenz kommend auf der SS 68 im Süden Volterras dem Hinweis nach Cécina folgen, dann rechts Richtung Monte Volterrano.

Das Hotel: Nur 2 km südlich von Volterra mit Blick nach Norden auf die stolz aufragende Stadt, nach Süden und Westen aber weit in die Volterraner Hügellandschaft und Richtung Meer, hat das an sich schlichte dreistöckige Landhaus mit seinem Natursteinmauerwerk eine perfekte Lage. Umgeben von einem weiten, gepflegten Garten, zum Tal hin mit einem wunderschönen Pool und rundem Kinderbecken, ringsum eine große Terrasse und Liegewiese.

Eigentlich hatten die Eltern Scudellari, die mit ihrem Eisenwarenhandel oben in Volterra ein gutes Auskommen hatten, dieses Anwesen als ihr privates Wohnhaus ausgesucht – doch die Kinder wollten sich nur ungern von ihren Freunden in der Altstadt trennen. Und so blieb man oben wohnen und musste das Haus entweder verkaufen oder umfunktionieren. 1988 entschied man sich für den Wiederaufbau der Ruine dieser unter Denkmalschutz stehenden Poststation aus dem 15. Jh. Denkmalschutz kann umständlich werden und sehr kostspielig, so wurde das Landhotel erst 1994 eröffnet.

Bisher bietet das Hotelchen nur neun, meist sehr geräumige Zimmer

Die Villa Rioddi war ursprünglich eine Poststation

mit einer zusätzlichen Schlafcouch und vier Apartments, alle mit schlichten Möbeln und dem notwendigen Komfort wie TV und Telefon, demnächst auch Minibar – Ende 2000 sollen zusätzlich vier Zimmer ausgebaut sein, im jüngeren, angebauten früheren Bauernhaus (zum Pool hin). Man betritt das Hauptgebäude durch die früheren Stallungen bzw. die Remise mit den Natursteinwänden und einem herrlichen Backsteingewölbe, das von weiten Steinbögen getragen wird. In diesen beiden Räumen wurden die Bar, das Frühstückszimmer und der gemütliche Aufenthaltsraum eingerichtet. Eine steile Treppe führt in das Obergeschoss, wo sich heute die Rezeption mit einem kleinen Kamin befindet, von hier aus geht es zu den Zimmern und eine Etage höher zu den nächsten. Am begehrtesten sind natürlich die Zimmer mit Volterra-Blick wie Nummer 5, das auch noch besonders geräumig ausgefallen ist.

Nicht zu vergessen: Die familiäre Atmosphäre ist hier sprichwörtlich zu nehmen, Sohn Luca führt das kleine angenehme Haus mit Hilfe seiner Mutter Mirella Corrieri – »passend zur früheren Poststation«, lächelt Luca, denn Corrieri heißen die Boten... Und das Frühstücksbüffet lässt sicher ein paar Hotelgäste höherer Kategorie geradezu vor Neid erblassen – mit frischem duftenden Gebäck, feinem Schinken, Käse und vielen Leckereien mehr.

Restaurants in Volterra: Im Zentrum der Altstadt befindet sich eine erstaunliche Anzahl recht ordentlicher Bars und Restaurants wie das »Etruria«, »Vecchia Osteria dei Poeti« und »Sacco Fiorentino«, aber auch die bescheideneren Lokale »Don Beta« und »Da Beppino«.

Besichtigung: Volterra ist mehr als nur einen Tag wert, denn es bietet außer einem wunderschönen Zentrum mit ausgesprochen hohen, intakten Palästen, Kommunalbauten und Kirchen herrliche Ausblicke ringsum. Ein *Must* sind der Hauptplatz mit dem ältesten noch erhaltenen Rathaus der Toscana sowie der Dom mit seiner hölzernen Kalvarienberg-Gruppe und das römische Theater – wenigstens von oben betrachtet. Und dann sollte man natürlich den Besuch einer Alabaster-Werkstatt einplanen.

Ausflugstipps: im Nordosten San Gimignano (s. S. 63); im Süden Larderello mit seinem Geothermischen Museum.

> ## Tipp
>
> **Volterra in elektronischer Begleitung**
>
> Die neueste Errungenschaft einiger toscanischer Städte ist der ›elektronische Reisebegleiter‹, den es tageweise beim Touristenamt zu leihen gibt. Auch in deutscher Sprache wird man Schritt für Schritt zu den wichtigsten Sehenswürdigkeiten geführt und bekommt auch allerlei unterhaltsame Anekdoten erzählt, die es einem leichter machen, sich die Stadtgeschichte einzuprägen. Ganz hervorragend ist dieser elektronische Begleiter für Volterra ausgefallen (Gebühr gilt für einen ganzen Tag)!

Hotels/Westlich von Siena mit San Gimigano und Volterra

28
Relais La Suvera

Karte: D/E 7
Via La Suvera
53030 Pievescola (SI)
Tel. 0577 960300
Fax 0577 960220
Internet: http://www.lasuvera.it
E-Mail: lasuvera@lasuvera.it
Kreditkarten: alle gängigen
Geöffnet Ostern oder erst Mitte April bis Anfang November

Preise: DZ 400 000–600 000 ITL, Apartments 800 000–1,2 Mio. ITL, inklusive Frühstücksbüffet

Anfahrt: Ca. 15 km südlich von Colle Val d'Elsa zweigt von der SS 541 eine schmale Straße nach Pievescola ab, dort ist La Suvera gut ausgeschildert.

Das Hotel: Den hohen Baukörper der Villa Papale, der Papstvilla, prägen seine dreistöckigen Loggien, und diejenige zum terrassierten Park mit seinen uralten Bäumen ist weithin sichtbar. Bei genauerem Hinsehen entdeckt man dann labyrinthartige Lorbeerhecken, hinter denen sich herrliche Sonnenplätze verstecken. Schöne Plätze bieten auch Aufenthaltsräume bzw. Salons der Papstvilla: die Sala Papa Giulio II, die Bibliothek, das Musikzimmer und der Salon der Marchesa Campana sowie die großartigen Loggien, die eine herrliche toscanische Landschaft einrahmen. Und natürlich die Kirche. Dann gibt es noch den beheizten Pool, Tennisplatz und (etwas weiter weg) Reitmöglichkeiten für die sportlichen Gäste – für pure Genießer das große Landgut mit dem Weinkeller, aus dem die guten Tropfen des Hauses stammen.

Doch zuerst ein wenig Geschichte, denn sie gehört zur Suvera wie die Loggien und der italienische Garten mit seiner hohen Voliere: Im 10. Jh. erhob sich an dieser Stelle eine befestigte Burg, die nach ihrem Verfall im 11. Jh. völlig neu wieder aufgebaut werden musste, den Besitzer mehrmals wechselte, der jeweils aus Siena stammte. 1508 erhielt Papst Julius II. das Suvera-Schloss geschenkt, weil die Republik Siena großes Interesse am Wohlwollen des Papstes hatte. Bald darauf kamen die beiden Loggien hinzu, so dass die Festung ihren martialischen Charakter verlor und zu einer Landvilla wurde, fast so, wie sie heute zu bewundern ist. Damals wurde auch der italienische Garten

Prinzessin Massimo liebt Tiere: Zum Landhotel gehören mindestens sechs Pfauen, 20 Katzen und viele Enten

mit einer *Peschiera*, einem Fischteich, angelegt – heute der Pool; so blieb den Enten nur noch ein kleiner Teich im terrassierten, nur scheinbar wild belassenen Garten vorbehalten.

Der römische Marchese Giuseppe Ricci, dessen toscanische Vorfahren bereits 1124 im Zusammenhang mit La Suvera urkundlich belegt sind, hat zusammen mit seiner Frau, Prinzessin Eleonora Massimo, die aus dem Königshaus Savoyen stammt und mit Europas gekrönten Häuptern verwandt ist, 1989 ganz ohne Architekten aus der Sommerresidenz ein Hotel mit einer wirklich besonderen Atmosphäre geschaffen. Ihrer Sammelleidenschaft ist es zu verdanken, dass zahlreiche historische Zeugnisse der Familiengeschichte ebenso wie wertvolle Möbel und Kunstwerke die Salons, aber auch die Gästezimmer schmücken. Manche Chinoiserie mag in der Toscana deplatziert erscheinen – es gibt aber auch rein toscanische Zimmer... Und zwar 16 Doppelzimmer und 19 Suiten teils in der Villa Papale, in der *Scuderia*, dem früheren Pferdestall, mit den darüber liegenden Wohnungen der Bauern sowie in der Fattoria; in der Oliviera befindet sich schließlich das Restaurant, das die Hausgäste mit toscanischen Spezialitäten und dem gutseigenen Wein verwöhnt.

Wer ganz vornehm und historisch seine Urlaubstage verbringen möchte, sollte sich die Suite Maria Gabriella di Savoia (Nr. 22) reservieren lassen, obwohl auch das ›einfache‹ Doppelzimmer oder die Suite Maria Antonietta (ja, der französischen Marie Antoinette) mit einem zauberhaften kleinen Salon (Nr. 11) durchaus eine große Verlockung darstellen könnten.

Tipp

Der Papst-Wein

Marchese Ricci produziert im Jahr nur so viel Wein, wie er für seine Hotel- und Restaurantgäste benötigt, noch weniger, nämlich nur 8000 Flaschen, von seinem »Riserva Giulio II« nach alter Tradition aus einer Mischung biologisch angebauter Trauben. Außerdem aber unter der Bezeichnung »Marchesi Ricci« noch Weiß- und einfachere Rotweine, einen trockenen Spumante mit natürlicher Fermentierung. Hausgäste können diese Weine auch in der Cantina des Weingutes probieren und erwerben.

Restaurants in der Umgebung: in Colle Val d´Elsa (S. 108) und Monteriggioni (s. S. 114).

Ausflugstipps: Ca. 15 km entfernt ist der dreistöckige Kreuzgang (14./15.Jh.) der bereits 1070 erstmals erwähnten Abtei von Torri, mit Sicherheit einer der zauberhaftesten der Toscana, die genaue Terminplanung wert, denn er kann nur montags und freitags 9–12 Uhr besichtigt werden, wenn die Tage nicht auf einen Feiertag fallen. Nochmals rund 15 kurvenreiche km weiter fährt man über Land zur Abtei-Ruine von San Galgano, ab 1224 von den Zisterziensern errichtet, die dabei künstlerisch unverkennbar von Mönchen aus dem französischen Clairvaux unterstützt wurden. Sie gilt wiederum als der Toscana schönste Ruine, deren Dach der Himmel ist – ihre Kirche hat nämlich keines mehr.

Palazzo Mannaioni

Karte: D 6
Via Marconi 2
50050 Montaione (FI)
Tel. 0571 698300
Internet: www.mannaioni.com
E-Mail: info@mannaioni.com
Kreditkarten: alle gängigen
Ganzjährig geöffnet

Preise: DZ 305 000 ITL im ›bäuerlichen‹, 330 000 ITL im ›bürgerlichen‹ Teil, Suiten 370 000 ITL, inklusive Frühstücksbüffet

Anfahrt: Von der SS 429 Empoli – Poggibonsi in Castelfiorentino Richtung Montaione/Gambassi Terme, rund 10 km südwestlich erhebt sich das mittelalterliche Montaione, in dessen Ortsmitte sich der Palazzo Mannaioni befindet.

Das Hotel: Schaut man von der unteren Umgehungsstraße von Montaione zum Palazzo hinauf, gleicht er einer Festung. Seit dem 16. Jh. diente er einer an Landbesitz reichen Bauernfamilie, den Mannaioni, als Wohnhaus. Als die letzte alte Dame der Familie kinderlos im Altersheim verstarb, erwarben die Bigazzi das schöne Anwesen mit dem Blick ins Tal und dem Eingang im hübschen, noch recht mittelalterlich geprägten Dorf. Vater Romano hatte sich schon als Kind gewünscht, ein Hotel oder ein Restaurant zu besitzen, wurde aber, wie das Leben eben manchmal so spielt, Schuhfabrikant. Und dies so erfolgreich, dass er 1995 zuschlagen konnte, als das heruntergekommene aber bildschöne Anwesen zum Ver-

Tipp

Trüffelmesse in San Miniato

In den Wäldern um und südlich von San Miniato al Tedesco wachsen die weißen Trüffel der Toscana, böse Zungen behaupten sogar, dass die berühmten weißen Knollen von Alba im Piemont auch von hier stammen... Wie auch immer: Im gute 20 km nördlich von Montaione gelegenen, schon an sich sehr schönen San Miniato mit seiner hoch aufragenden Rocca wird an den drei letzten November-Wochenenden die bedeutendste Trüffelmesse der Toscana abgehalten. Der ganze mittelalterliche und Renaissance-Ort duftet dann nicht nach Trüffeln, sondern nach allem, was die Region an Culinaria zu bieten hat. Man kann sich auch mit allerlei Konserviertem direkt vom Produzenten eindecken, aber auch in so manchen Kneipen kulinarisch verwöhnen lassen, die es hier z.T. nur zur Trüffelzeit gibt, beispielsweise in einer aufgelassenen Kirche. Vorausgesetzt, man hat sich rechtzeitig um einen Platz gekümmert (Information im Rathaus, Tel. 0571 418739).

kauf stand. In der Nähe Montaiones geboren, wusste Romano von der Geschichte des Hauses, kannte auch den schmalen *Corridoio dell'Amore*, der nun durch den Weinkeller führt und einst der Dorfbevölkerung bei Gefahr als Fluchtweg diente. So wurden die Bigazzi Hoteliers und Restaurantbesitzer zugleich. Von seinen vier Söhnen sind drei bei den Schuhen geblieben, nur Davide kümmert sich um das Hotel (und – Lieblingsbeschäftigung! – den Weineinkauf für das Restaurant), zusammen mit perfekt geschultem Personal und einem hervorragenden Koch, bei dem Gäste nicht nur gut toscanisch speisen, sondern auch Kochkurse belegen können.

Die reichen Bauern hatten ihr Haus zweigeteilt, und das spiegeln noch heute die Hotelzimmer wider: Von den insgesamt 29 Zimmern, davon zwei Einzel-, fünf Doppelzimmer Superior mit Balkon, drei Superior mit Talblick, teilweise auf zwei Ebenen gelegen, sind die einen bäuerlich mit Holzbalkendecken und Cottoböden, die anderen fast herrschaftlich mit Deckenfresken und Parkett. Natürlich sind auch die Möbel angepasst. Wer´s richtig bäuerlich mag und sich selber versorgen möchte, kann sich außerdem in Bigazzis Ferienwohnungen auf ihrem Landgut »La Valle« im gleichnamigen Vorort einmieten.

Das Restaurant ist in den gut erhaltenen Gewölberäumen der früheren Ölmühle untergebracht, der Frühstücksraum in der früheren Remise, der Innenhof wurde zum Wintergarten verglast, die kleine Hauskapelle zum TV-Raum umfunktioniert. Das ganze Hotel mitsamt Gartenanlage mit kleiner Limonaia rund um den Pool auf einer hohen Terrasse über der Stadtmauer aus dem 11./12. Jh. ist behindertengerecht gestaltet.

Innen sehr gemütlich ist der von der Straße eher wie eine Festung wirkende Palazzo Mannaioni

Ausflugstipps: Jeweils in rund 10 km Entfernung östlich bzw. nordöstlich Certaldo, in dessen strenger Oberstadt die Casa di Boccaccio (tgl. außer mittags geöffnet) sowie der Wappen geschmückte Palazzo del Vicario aus der Renaissance (außer Mo und mittags tgl. geöffnet). Dann das wenig bekannte Castelfiorentino, in dessen angenehmem Zentrum in einem kleinen Museum Fresken von Benozzo Gozzoli zu bewundern sind. 20 km fährt man nach Südosten bis San Gimignano (s. S. 63) und etwa 25 mach Südwesten bis Volterra (s. S. 65).

Restaurants in der Umgebung: »Osteria del Vicario« in Certaldo (s. S. 107), »Castagno« an der gleichnamigen Straßenkreuzung mit wenigen Häusern auf dem Weg nach San Gimignano, eine erst 2000 umgebaute Pizzeria mit guter Hausmannskost.

Sport: Der wunderschöne Golfplatz von Castelfalfi liegt ca. 10 km westlich von Montaione.

30
Villa Rigacci

Karte: F 5
Via Manzoni 76
Località Vággio
50066 Regello (FI)
Tel. 055 8656718
Fax 055 8656537
Internet: http://www.villarigacci.it
E-Mail: hotel@villarigacci.it
Kreditkarten: alle gängigen
Ganzjährig geöffnet

Preise: EZ 170 000 ITL, DZ als EZ 210 000 ITL, DZ Standard 260 000 ITL, DZ Superior 300 000 ITL, DZ Deluxe/Suiten 340 000 ITL, Zusatzbett 80 000 ITL (Kinder bis sechs Jahre frei), inklusive Frühstücksbüfett.

Anfahrt: Bloß nicht die kurvenreiche Straße nach Regello fahren, denn das Hotel liegt im ›Vorort‹ Vággio ca. 5 km südwestlich nahe der Val di Chiana, erreichbar über die A 1 (Ausfahrt Incisa) oder die SS 69 jenseits des Arno!

Das Hotel: »Wir sind Italo-Franzosen«, betont die resolute Fiorenza Pierrazzi mit starkem französischen Akzent, die zusammen mit ihrem Bruder Federico das Hotel in einer Landvilla aus dem 15. Jh. am Ortsrand von Vággio führt. Das schöne Renaissancehaus, das bereits 1551 in den Besitz der Rigacci überging, haben sie als Hotel (seit 1980) von ihren inzwischen verstorbenen Eltern, dem Toscaner Marcello Pierrazzi und der Provençalin Odette Mège geerbt. Der Sammelleidenschaft der Mutter verdankt das Haus seine vielen urgemütlichen, manchmal sicher auch überladenen Salons (Kaminzimmer, Lesezimmer etc.) sowie die Einrichtung der völlig unterschiedlichen Zimmer, sehr modern sind dagegen bereits die meisten Bäder umgebaut, z.B. mit Hydromassagen. Am liebsten zeigt Fiorenza keinem Gast die Zimmer, »weil sich sonst niemand entscheiden könnte«. Wiederkehrer beweisen, dass sie ihre Wahl bereits getroffen haben, sie wollten immer wieder in dasselbe Zimmer... Von den insgesamt 24 Zimmern (elf Standard-DZ, zwei EZ mit französischen Betten, fünf Suiten und sechs Superior-DZ) haben sechs Pool- und damit einen weiten Park- und Landschaftsblick, alle sind mit echten Stilmöbeln eingerichtet, viele gehören zum Familienbesitz, der Schrank der Großmutter: der Sekretär des Großvaters etc., fast alles aus der Provence – s. Sammelleidenschaft der Mutter!

Die Flure in den oberen Geschossen sind eng, unter dem Dach am engsten, und man steigt immer wieder ein paar Stufen hin und her –

Tipp

Frescobaldi und der Pomino

Nördlich des Hotels beginnt mit Pontassieve das Weinanbaugebiet des Chianti Rufina, und darin sind die Nummer Eins die Frescobaldi aus dem Hochadel von Florenz. Man sollte in dieser Gegend ihre hervorragenden Pomino-Weine probieren, ob weiß oder rot, die der Gambero Rosso immerhin mit jeweils zwei Gläsern bedacht hat und die es zudem noch in einer ›gesunden‹ Preislage zu kaufen gibt.

Für Manche zu überladen, für Andere anheimelnd: die Villa Rigacci

es war ja ursprünglich eben eine ganz normal bewohnte Landvilla. Ein paar Beispiele: Die Standardzimmer im Dachgeschoss haben Holzbalkendecken und schöne Ausblicke über die eigene Dachlandschaft des Hauses hinweg (Nr. 10 und 11), Suiten Nr. 8 und 14 haben z.B. einen eigenen Ausgang in den Garten, sieben Zimmer, wie Nr. 18 und 20, besitzen Himmelbetten.

Im reich dekorierten Speisesaal des Hotelrestaurants »Le Vieux Pressoir« – französisch nach der alten Weinpresse unten in den alten Gewölben tituliert – wird stilvoll serviert, was Pascal, der Lebenspartner Fiorenzas und spanisch-französischer Herkunft, zaubert, hauptsächlich doch angepasst toscanisch, wie die Speisekarte verrät...

Restaurants in der Umgebung: Eine Super-Adresse und die Fahrt nach Norden bis Rufina wert ist »La Casellina« (s. S. 100) und nach Südwesten gilt das gleiche für die zauberhafturige »L´Osteria Rifugio del Chianti« im Dorf Badiaccia a Montemuro (s. S. 110) nahe dem Zoo von Cavriglia.

Ausflugstipps: Von Vággio über Regello sind es keine 20 km nach Nordosten bis zur Abtei von Vallombrosa in 958 m Höhe am nordwestlichen Rand des Pratomagno – wie der Name verrät, der ›Großen Wiese‹, einer herrlichen Sommerfrische, die mit der Croce di Pratomagno immerhin 1592 m erreicht und sehr waldreich ist. In der Abtei, heute ein beliebtes Ausflugsziel, wurden die Ordensregeln der Vallombroser erarbeitet. Südwestlich von Vággio ist jenseits des Arno im Nu das Chianti-Gebiet mit allen seinen Städtchen und Burgen und Weingütern erreicht (s. S. 47). Nicht nur Kinder erfreut der Parco Zoo di Cavriglia am nördlichen Rande der Monti del Chianti. Und über Autobahn wie Landstraße nach Nordwesten ist auch Florenz erreicht (s. S. 13).

Hotels/Casentino & Val di Chiana

31
Relais Il Falconiere

Karte: G/H 7
Località San Martino 370
52044 Cortona (AR)
Tel. 0575 612699
Fax 0575 612927
Internet: www.italfalconiere.com
E-Mail: falconiere@relaischateaux.fr
Kreditkarten: alle gängigen
Ganzjährig geöffnet

Preise: DZ 360 000–440 000 ITL, Suiten 590 000 ITL, Frühstücksbüffet je Person 30 000 ITL.

Anfahrt: Autobahn A 1 Florenz – Rom Ausfahrt Val di Chiana, weiter auf der SS 75bis Richtung Perugia, zweite Abfahrt Cortona bis zum Dorf Camucia, an dessen einziger Ampel man den ersten Hinweis nach Cortona ignoriert und weiterfährt Richtung Arezzo, um nach 2 km beim zweiten Cortona-Hinweis nach rechts und gleich wieder nach links Richtung San Martino abzubiegen. Dann folgt der Hinweis zum Hotel.

Das Hotel: Es liegt nicht zuletzt an seinen jugendlichen Besitzern, Silvia und Riccardo Baracchi, dass das Falconiere zu den zauberhaftesten Häusern der Toscana gehört. Das aus dem Jahre 1600 stammende Anwesen mit kleiner Hauptvilla, Kapelle mitsamt Nebenräumen und einer Orangerie, italienisch Limonaia, wurde mehrmals umgebaut und diente bis 1860 dem Dichter Antonio Guadagnoli als Wohnsitz, den er nicht wenige Male besungen hatte – die Lieblingslektüre Riccardos, dessen Familie das Anwesen seit 1865 gehört.

Bis 2000 waren es nur neun Zimmer und drei Suiten, über die das sympathische Paar zu wachen hatte, nun werden einige wenige Zimmer in einem etwas abseits am Hang des weitläufigen Besitzes stehenden Gebäude ausgebaut; sie sollen jedoch die ›alten‹ Gäste nicht stören und bekommen daher u. a. einen eigenen Pool.

Riccardo, der bereits stolzer Besitzer von 1200 Olivenbäumen ist, erwärmt sich neuerdings auch für den Weinanbau und hat dafür auf zwei Hektar Reben angepflanzt. Die Cantina als Probierstube ist schon fertig, das Brot wird im Hause gebacken, die leckeren Fruchtmarmeladen aus eigenem Obst produziert – was will man als urlaubendes Schleckermaul mehr?

Begonnen hatte das Falconiere 1989 mit dem Restaurant, das angesichts der fantastischen Küche, der Silvia zumindest theoretisch noch vorsteht, die ansonsten aber von ihrem ›Zögling‹ Michele Brogioni perfekt beherrscht wird, noch immer das Herzstück des Landhotels bildet. Es nimmt die beiden kleinen Stockwerke der früheren Limonaia ein, im Sommer mitsamt windgeschützter Terrasse. In keinem anderen der toscanischen Relais & Chateaux-Hotels wird man kulinarisch so verwöhnt wie hier (s. S. 118).

Restaurants in der Umgebung: »La Locanda del Molino«, eine echt toscanische Trattoria mit einigen sehr hübschen Zimmern in Montanara 6 km Richtung Mercatale (gehört Silvias Mutter, bei der die Falconiere-Wirtin das Kochen gelernt hat!). Das Michelin-besternte »La Chiusa« (s. S. 121) in Montefollónico ist immer einen Ausflug wert.

Besichtigung: Cortona, die Stadt etruskischen Ursprungs, breitet sich auf vier Terrassen aus, das historische Zentrum auf zweien – man sollte also gut zu Fuß sein und rutschfestes Schuhwerk tragen. Von dunklen Steinplatten sind die engen Gassen geprägt, hoch sind die Palazzi auf beiden Seiten. Fast überraschend weiten sich Gassen zu Plätzen aus, wie die Piazza della Repubblica mit Palazzo Comunale (Rathaus) mit steiler Treppe und Palazzo del Popolo mit offenen Arkaden. Unbedingt besichtigen: Palazzo Pretorio mit dem Museo dell´Academia Etrusca (Di–So 10–13 und 16–19 Uhr). Denn hier befindet sich u. a. ein 57 kg schwerer etruskischer Bronzeleuchter mit 16 Schnäbeln.

Tipp

Sagra della Bistecca in Cortona

Am 14. und am 15. August begeht man in Cortona die Sagra della Bistecca – kein Wunder, dass dann die Stadt von den köstlichen Düften der Chianina-Steaks erfüllt wird. Denn auf einem 14 m^2 großen Grillrost werden in den Giardini Pubblici del Parterre Tausende von Bistecche über glühenden Kohlen gebrutzelt. Trotz Gedränge dürfte kaum jemand leer ausgehen, denn die Veranstalter haben schließlich Interesse daran, das köstliche Grillzeug zu verkaufen.

Ausflugstipps: Etwa 6 km nördlich von Cortona thront Castiglion Fiorentino mit engen mittelalterlichen Gassen und einigen schönen Renaissancepalästen auf eigenem Hügel und ließe sich innerhalb seiner Mauern durch die beiden wuchtigen Tore noch heute abschließen. Sehenswert: die Pinacoteca Comunale (werktags 8–14 Uhr). Keine 15 km weiter ist Arezzo (s. S. 75) erreicht.

So romantisch sind viele Nächte im zauberhaften Il Falconiere

Hotels/Casentino & Val di Chiana

32
Locanda
dell'Amorosa

Karte: G 7
Località L'Amorosa
53048 Sinalunga (SI)
Tel. 0577 679497
Fax 0577 632001
Internet: www.amorosa.it und
www.abitarelastoria.it
E-Mail:
locanda.amorosa@interbusiness.it
Kreditkarten: alle gängigen
geöffnet März bis Dezember

Preise: DZ Standard 390 000 ITL, DZ Superior 460 000 ITL, DZ De-Luxe 540 000 ITL, Suiten 590 000 ITL; Apartment »Le Vigne« 1,2 Mio. ITL, Extra-Bett 100 000 ITL, jeweils Frühstücksbüffet inklusive.

Anfahrt: 8 km von der Autobahn A 1 Florenz – Rom Ausfahrt Val di Chiana und 2 km von der Superstrada Siena – Perugia bzw. 2 km südlich von Sinalunga.

Das Hotel: Das Vier-Sterne-Hotel hockt auf einer kleinen Anhöhe in Sichtweite von Sinalunga und ist eines der schon lange eingeführten Häuser im Reigen der »Abitare la Storia« – Wohnen in der Geschichte, wie eine kleine Vereinigung italienischer Hotels heißt. Schon im 14. Jh. existierte das Landgut, zu dem eine schnurgerade, sehr dekorative Zypressenallee führt. Nahe der Durchgangsstraße und doch abseits ihres Lärmes, nur über eine eigene Zufahrt erreichbar, muss es gleich Liebe auf den ersten Blick sein, wenn man hier ein paar geruhsame Tage verbringen und sich zudem auch noch kulinarisch verwöhnen lassen möchte. Da dies aber auch viele Andere von außerhalb, vorwiegend an den Wochenenden und an Feiertagen gerne tun, sollte man lieber die Wochentage wählen.

Dann hätte man die Wahl zwischen zehn Doppelzimmern, sechs Suiten sowie vier Apartments im Hauptgebäude des historischen Landgutes, also über den früheren Stallungen, wo sich das Hauptrestaurant mit mehreren Räumen befindet, in der etwas vornehm-steifen Villa Padronale aus der Renaissance oder nahe der Kapelle und der neuen Osteria, in deren gemütlich-dunklem Raum man auch ein paar Kleinigkeiten am Nachmittag oder frühen Abend zu essen bekommt. Dahinter ›versteckt‹ sich der große, erst im Sommer 2000 fertig gestellte Pool.

Charakteristisch für die Ex-Stallungen sind die hohen Rundbögen und die darüber liegenden, niedrigeren Loggien vor den früheren Bauernwohnungen, die nun einige der Zimmer abgeben. Ein Apartment umfasst den mittelalterlichen Turm auf drei Stockwerken mit einem Kaminzimmer unten und dem Bett ganz oben mit Blick auf die Zypressenallee – bei jungen Liebespaaren sehr beliebt, wie man uns augenzwinkernd versichert.

Im Schönheitswettbewerb mit dem ausladenden Hof – dem Sommer-›Salon‹ – steht die wunderschöne helle Hotelhalle in einem Teil der früheren Ställe, mit einem fantastischen Sinalunga-Blick. Backsteinwände, Backsteinbögen und Holzbalkendecken bestimmen das Gesamt-Ambiente, auf das Marchese Carlo Citterio wirklich stolz sein kann. Der Besitzer des Landgutes produziert noch heute seinen eigenen Wein, wenn auch nur für den Restaurant-Gebrauch, aber ein paar Flaschen bleiben schon übrig für den Verkauf an Hausgäste, ebenso wie die hausgemachten Marmeladen u.a. Leckereien.

Besichtigung: Sinalunga, auch zu Fuß einfach vom Landhotel aus zu erreichen, ist eine angenehme Bummel-Stadt mit guten Geschäften, speziell für Culinaria, denn das Chiana-Tal produziert nicht nur die besten Chianina-Rinder, sondern auch Obst und Gemüse.

Ausflugstipp: Arezzo ist schon allein wegen der großartigen Piazza Gran-

Von der Halle der Locanda dell'Amorosa eröffnet sich ein wunderschöner Blick Richtung Sinalunga

Tipp

Arezzo und die Antiquitäten

Jeden ersten Sonntag im Monat verwandelt sich Arezzo in einen großen Antiquitätenmarkt, den berühmtesten der Toscana, die daran nun wahrlich nicht arm ist. Man kann hier noch immer fündig werden, und wenn das erstandene Stück zu sperrig sein sollte, wird es auch nach Hause geliefert. Da es zur Marktzeit hoffnungslos ist, einen Parkplatz in Zentrumsnähe zu bekommen, sollte man von Cortona oder Castelfiorentino aus den Bus oder die Bahn nehmen, die sonntags freilich keinen so dichten Fahrplan wie wochentags haben. Also vorher danach fragen.

de wichtig, vom Archäologischen Museum und vor allem den nach Jahrzehnten erst Mai 2000 fertig restaurierten Fresken von Piero della Francesca in San Francescos Hauptchor-Kapelle ganz zu schweigen! Thema des herrlichen Zyklus: Die Legende vom wahren Kreuz. Die Crete zwischen Asciano und der Abtei von Monte Oliveto Maggiore sind ebenso wie die Fahrt von Sinalunga dorthin einen ganzen Tagesausflug ebenso wert wie die Renaissance-Städte Montepulciano und Pienza (s. S. 77).

Restaurants in der Umgebung: »La Chiusa« in Montefollónico (s. S. 121), »La Grotta« (s. S. 123) in San Biagio zu Füßen von Montepulciano, »La Romita« in Montisi (s. S. 120).

Hotels/Casentino & Val di Chiana

33
Il Chiostro di Pienza

Karte: F/G 8
Corso Rosellino 26
53026 Pienza (SI)
Tel. 0578 748400
Fax 0578 748440
Internet: www.davidspa.com
E-Mail: ilchiostro@libero.it
Kreditkarten: alle gängigen
Geöffnet Mitte März bis Dezember

Preise: EZ 200 000 ITL, DZ 290 000 ITL, Suiten 390 000 ITL, inklusive Frühstück.

Anfahrt: Pienza liegt an der SS Montepulciano – San Quirico d´Orcia, ca. 9 km östlich der SS 2 Cassia Florenz – Rom, und das Hotel steht im historischen Zentrum des Ortes.

Das Hotel: Es hat genau den gleichen herrlichen Blick über das Orcia-Tal wie der nebenan stehende Palazzo Piccolomini, den Papst Pius II. bauen ließ, um durch die langen Loggien einen herrlichen Blick zu genießen. Es ist trotz der hohen Übernachtungspreise ein eher einfaches Drei-Sterne-Hotel, aber eben mit einem besonderen klösterlichen Ambiente und in einem besonderen Städtchen. Pienza versteht es schon lange, aus seiner architektonisch-historischen Bedeutung und Schönheit Kapital zu schlagen: mit Hotels, Restaurants und Schlemmerläden an jeder Ecke und in jeder Gasse.

Etwas anonym geführt, gehört das erst 1993 zum Hotel gewordenen Kloster einer größeren Gesellschaft, es hat aber eine wunderbar klösterliche Atmosphäre schon deshalb be-

> ## Tipp
> **Die Loggia des Palazzo Piccolomini**
>
> Der in Corsignano unterhalb des heutigen Städtchens Pienza 1405 geborene Enea Silvio Piccolomini ließ später, zum Papst Pius II. avanciert, vom Reißbrett seine kleine Renaissancestadt bauen. Außer der kleinen, perspektivisch raffinierten Piazza Pio II, die Größe vortäuschen soll, ist ein Kleinod zu besichtigen: der Wohnpalast des Papstes, der Palazzo Piccolomini rechts vom Dom, außer Mo und zur Mittagszeit täglich geöffnet. Das Besondere daran: die Loggia, die einem Bilderrahmen für das wunderschöne Orcia-Tal gleicht.

wahren können, weil das Denkmalamt an der Bausubstanz aus dem 16. Jh., purer Renaissance mit herrlicher Bogenarchitektur, nicht viel rühren ließ. Nicht nur am kleinen Kreuzgang, dem großen Entree ins Hotel, das man passiert, bevor man überhaupt an die Rezeption gelangt, sondern auch innen. Viel Aufenthaltsraum konnte man der strengen Architektur des früheren Franziskanerklosters nicht abgewinnen, um so herrlicher ist der Garten, sozusagen der große Kreuzgang, der freilich ins Freie führt und der den Eindruck eines ›hängenden Gartens‹ macht, weil er regelrecht über dem Orcia-Tal schwebt. Hier lässt es sich gut bei spannender Lektüre aushalten oder auch nur sein Frühstück vor dem Restaurant, das ansonsten toscanische lokale Küche anbietet, genießen. Der Hotelpool liegt auf einer Terrasse darunter. Die meisten der 37 Zimmer, die ja in den früheren Mönchszellen untergebracht werden mussten (mitsamt Bäder) sind relativ einfach, vor allem die vier Einzelzimmer und die 22 Doppelzimmer, bis auf Nr. 102, das im Barock Deckenfresken erhielt – elf Suiten entstanden durch Zusammenlegen kleinerer Einheiten.

Besichtigung: Pienza in 481 m Höhe als Gesamtkunstwerk der Renaissance, das der Humanist und Piccolomini-Papst Pius II. von den damals besten und teuersten Städteplanern, Bernardo Rossellino und Leon Battista Alberti, durchführen ließ.

Ausflugstipps: Nördlich von Pienza beginnt das Crete-Gebiet mit Monte Oliveto Maggiore. Das wehrhaft ummauerte San Quirico d´Orcia mit wunderschöner romanischer Stiftskirche sowie dem grandiosen Palazzo Chigi ist nur 9 km entfernt, weitere 5 km sind es bis Bagno Vignoni, das sich derselbe Piccolomini-Papst Pius II. über heißen Quellen als Heilbad erbauen ließ. Sein eigener Kurpalast steht noch heute (»Hotel Terme«) direkt beim großen Thermalbecken, in dem Sienas Soldaten ihre Wunden kurieren lassen durften, heute nur noch eine ›Guck‹-Attraktion. Weiter westlich liegt die wunderschöne romanische Abtei von Sant´Antimo und nördlich davon der berühmte Weinort des Brunello, Montalcino.

Restaurants in Pienza und Umgebung: »Da Falco« an der Piazza Dante ist preiswert und ordentlich. Das feine »La Grotta« (s. S. 123) in San Biagio unterhalb von Montepulciano, die schlicht-rustikale »Osteria

Zentraler als im Choistro di Pienza kann man in dieser Stadt nicht wohnen

del Bassomondo« in Castellnuovo dell´Abate (s. S. 125), das winzige »Pozzo« in Sant´Angelo in Colle (s. S. 126) oder das Michelin-besternte »Poggio Antico« im gleichnamigen südlichen Ortsteil von Montalcino (s. S. 124).

Tipp

Madalisa

Einen Besuch in Montichiello lohnt das kleine, ganz süße Modegeschäft mit den luftig-leichten Kleider-Kreationen, die aus naturbelassenen Stoffen, überwiegend Baumwolle, von Frauen aus Montichiello und Umgebung gearbeitet werden (Via di Mezzo 8).

34
Locanda Agrituristica La Palazzina

Karte: G 9
Località Le Vigne
53040 Radicofani (SI)
Tel. 0578 55771
Fax 0578 53553
Internet: www.utenti.tripod.it/verdidea
E-Mail: verdidea@tin.it
Kreditkarten: alle gängigen
Geöffnet Ostern bis November

Preise: EZ 125 000 ITL, DZ 180 000 ITL, inklusive Frühstücksbüffet.

Anfahrt: Von Radicofani aus ist an der SS 478 Richtung Chiusi der Vorort Le Vigne gut ausgeschildert (nach 2,5 km Richtung Süden) und bald auch das Palazzina (nochmals knapp 1,5 km).

Das Hotel: Die Locanda Agrituristica in einer sehr hübschen Villa des 18. Jh. in einem einsamen Park mit alten Gehölzen und mit nur zehn Zimmern im Ober- und gemütlichen Salons mit schwarz-weißen Fliesen im Erdgeschoss ist eine der Adressen, die man am liebsten für sich behalten würde... Da das Haus inzwischen immer mehr Freunde gefunden hat, hat Bianca Castrini sogar beschlossen, ab 2001 auf das abendliche Restaurant zu verzichten, um sich mehr um ihre Hausgäste kümmern zu können. Schade, denn sie ist eine hervorragende Köchin!

Tochter Nicoletta, eine Touristik-Fachfrau, hat seit 1989 viel Arbeit mit dem Landhotel: fünf Hektar Land mit der Villa, kleinem Pool in herrlicher Panoramalage, Olivenbäumen und vielen Blumen und Büschen wollen gehegt und gepflegt sein. Außerdem werden einige Bauernhäuser ringsum für deren Besitzer vermietet; man hat also im Palazzina die Wahl zwischen dem angenehm-familiären Hotelbetrieb en miniature oder einer Ferienwohnung für Selbstversorger.

Aber gegen die hübschen kleinen Zimmer in der Villa, die allesamt Mädchennamen tragen und sich voneinander unterscheiden, mit Schmiedeeisenbetten und floralen Tapeten, mit Spitzengardinen und –bettbezügen, kann keine Ferienwohnung standhalten. Alle Zimmer im Obergeschoss haben übrigens Parkblick, das Zimmer »Zelda« hat einen Kamin, »Clotilde« eine eigene Terrasse

---

Tipp
Rosa del Trinoro

Je nach Fahrtstrecke benötigt man ca. 15 bis 20 km auf einer staubigen *Strada bianca*, um nördlich von »Palazzina« ins winzige Castiglioncello del Trinoro zu gelangen. Doch die Anstrengung ist es wert: Erstens fährt man durch herrlichen Macchia-Wald mit z.T. großartigen Ausblicken auf das Monte Amiata-Gebiet. Zweitens bietet die kleine Trattoria »Rosa del Trinoro« in luftiger Höhe (fast 800 m) außer köstlicher toscanischer Hausmannskost kleine gemütliche Räume und sonnige Terrassen, auf denen man sich vor und/oder nach dem Essen die Zeit vertreiben kann. Übrigens gibt es hier auch ein paar kleine, aber nette Gästezimmer.

– nur das Einzelzimmer im Erdgeschoss hinter dem Speisesaal fristet im wahrsten Sinne des Wortes ein eher einsames Dasein, also keine besonders gute Empfehlung... Da kann man sich eigentlich nur nach draußen flüchten auf die halbrunde Terrasse vor der Villa, die einem Sommer-Salon mit einladenden Gartenmöbeln aus Schmiedeeisen ähnelt, und dort zum Kaffee oder kühlen Drink vielleicht einen der köstlichen Kuchen naschen, die Meisterköchin Bianca so hervorragend zu backen versteht.

Restaurants in der Umgebung: Ca. 6 km südlich von Palazzina erhebt sich Celle sul Rigo fast 600 m hoch und bietet auf der kleinen Farm namens »Poggio« super-hausgemachte Pasta und vor allem Kaninchen aus eigener Zucht. Sonst empfiehlt sich das größere Chiusi mit dem guten Restaurant »Zaira« in Trattoria-Ambiente mit Weinkeller in Tuffgängen oder in der Nähe am Lago di Chiusi das feinere »La Fattoria«.

Ausflugstipps: Einen Tagesausflug wert ist der höchste Berg der Toscana, der 1738 m hohe Monte Amiata mit seinen umgebenden Dörfern und Städtchen, vor allem Abbadia San Salvatore mit der gleichnamigen Abtei, deren Krypta mit einem wahren Säulenwald zu den prächtigsten der Toscana zählt. Chiusi auf etruskischen Fundamenten mit einem sehr interessanten Archäologischen Museum, Ausgrabungen unter dem Dom und zwei sehenswerten etruskischen Grabanlagen in der Nähe muss wegen der Gräberbesuche vororganisiert werden, weil man sonst selten hinein kommt (über das Museum). In Bagni San Filippo kann man in heißen Schwefelbecken baden oder die natürlichen Sinterterrassen mitten im Wald unterhalb des verwunschenen Kurortes bewundern.

Kleine, feine Zimmer in einem harmonischen Villenambiente: La Palazzina

35
Villa Godilonda

Karte: B 6
Via Biagi 16
57012 Castiglioncello (LI)
Tel. 0586 752032
Fax 0586 751177
Internet: www.italbusiness.it/godilonda
E-Mail: godilonda@tiscalinet.it
Kreditkarten: alle
Ganzjährig geöffnet

Preise: DZ 240 000–420 000 ITL, Junior-Suiten mit drei bzw. vier Betten 320 000–570 000 ITL, inklusive Frühstück.

Anfahrt: Am nördlichen Rand von Castiglioncello den Hinweisschildern des Hotels folgen.

Das Hotel: Kein Wunder, dass der italienische Dichter und Kriegsheld Gabriele D´Annunizio, der sich wohl keinen schönen Platz auf dem italienischen Stiefel entgehen ließ, dieser Villa aus der Zeit der Wende des 19. zum 20. Jh. den Namen Godilonda, ›Freude an der Welle‹ gab: Das Meer schlägt je nach Jahreszeit mehr oder weniger kräftig gegen die Felsen der hoteleigenen kleinen Bucht, die man allsommerlich mit Sand auffüllen muss, weil ihn im Winter eben die Wellen fortspülen... Kein Wunder auch, dass sich der wohl bekannteste italienische Juwelier Bulgari in diese Villa verliebte, die sich ursprünglich ein etwas größenwahnsinniger Amerikaner bauen ließ.

Nun will der neue, weit gereiste Direktor Marco Zana das herrliche Anwesen, das etwas Patina angesetzt hat, erwerben und total umgestalten: Aus den 26 Zimmern (davon sieben Junior-Suiten) sollen nur noch zehn Super-Luxus-Suiten werden, in einer Kombination aus Desginer-Architektur und dem Jugendstil der Villa. Ein Fenster, wie im kleinen blauen Salon, das Bulgari als Kopie des Schaufensters seines römischen Juwelierladens gestalten ließ, soll natürlich bleiben. Die helle, Sonne und Sommer signalisierende Farbgebung wohl auch, grün der TV-Salon, gelb die Bar, alle mit verschiedenfarbenen Rattanmöbeln.

Schon jetzt ist die hellgelbe Villa mit den grünen Fensterläden ein Plätzchen zum Verlieben. Der eher kleine Pool, über der Felsenküste ei-

Die Villa Godilonda soll noch exklusiver werden

ne kleine runde Terrasse mit gerade zwei Liegestühlen, sorgt dafür. Die Gäste verteilen sich im Schatten der Bäume um den Pool, auf den Felsen, in der bequem über eine Treppe erreichbaren privaten Sandbucht. Zum Essen geht man ein paar Schritte durch die mediterrane Macchia in das benachbarte Restaurant »Torre Medicea«, denn das Godilonda bietet nur Übernachtung mit Frühstück. Das scheint nicht einmal die Film-

Tipp

Cacciucco alla Livornese

1 kg gemische Meeresfische und
  –früchte (Garnelen, Tintenfische
  u.ä.)
500 g Tomaten
1 mittelgroße Zwiebel
3 Knoblauchzehen
1–2 frische scharfe Peperoncini
1 Bund Petersilie (möglichst groß)
2 Eßlöffel bestes Olivenöl
$^1/_8$ l trockener Rotwein
Salz, schwarzer, frisch geschroteter
  Pfeffer
400 ml Fischfond

Zum Anrichten:
je nach Personenzahl 4–6 große
  Scheiben Weißbrot
1–2 Eßlöffel feinstes Olivenöl
1 Knoblauchzehe

Fische waschen und trocken tupfen, in ca. 5 cm große Stücke Scheiben oder Stücke schneiden; die Tintenfische in Ringe schneiden, die Garnelen ganz lassen. Zwiebeln und Knoblauch fein hacken, ebenso die entkernten und entstielten Peperoncini sowie die Petersilienblätter. Tomaten mit kochend heißem Wasser überbrühen, kurz darin ziehen lassen, kalt abschrecken, abziehen und dann ohne Stielansätze würfeln.

Zwiebeln, Knoblauch, Peperoncini und Petersilie in heißem Öl andünsten, die Tintenfischringe hinzufügen und kurz anbraten, dann mit dem Rotwein ablöschen, die Tomatenwürfel hinzufügen, alles mit Salz und Pfeffer würzen und ca. 15 Minuten köcheln lassen. Fischfond zugeben und stärker erhitzen, die Fischstücke und übrigen Meeresfrüchte untermischen, wieder mit Salz und Pfeffer abschmecken, zugedeckt nochmals ca. 8–10 Minuten bei schwacher Hitze nachgaren lassen.

Zwischenzeitlich die Brotscheiben leicht rösten, mit der Mischung aus dem durch die Presse gedrückten Knoblauch und Olivenöl bestreichen und in möglichst tiefe Teller legen, dann kurz vor dem Servieren die Fischsuppe darüber geben – die Fischstücke und Garnelen schön gerecht verteilt!

Berühmtheiten Vittorio Gassman und Marcello Mastroianni, die hier bereits nächtigten, weiter gestört zu haben.

Restaurants in Castiglioncello und Umgebung: »Nonna Isola« gilt als eines der besten Fischlokale der Toscana, klein und bescheiden (s. S. 136). Die ›Landvariante‹ bietet das noch kleinere »Gattabuia« im hübschen Rosignano Marittima ca. 6 km entfernt (s. S. 135). In Cécina s. S. 83.

Ausflugstipp: Keine 20 km entfernt wartet die Hafen- und Provinzhauptstadt Livorno auf Entdeckung, zumindest die mediceische Hafenfestung und das sogenannte Venezianische Viertel sind einen Tagesausflug wert. Zu empfehlen ist die Fahrt mit dem Linienbus oder der Bahn. Und in Hafennähe kann man die köstliche Fischsuppe probieren, die eine ganze Mahlzeit ersetzt: den Cacciucco alla Livornese (s. Rezept).

Hotels/Maremma-Küste & Hinterland

36
Agrihotel Elisabetta

Karte: C 7
Via Tronto 10–14
Località Collemezzano
57023 Cécina (LI)
Tel. 0586 661096
Fax 0586 661392
Internet: www.agrihotel-elisabetta.com
E-Mail: info@agrihotel-elisabetta
Kreditkarten: alle
Geöffnet zweite März–Woche bis Ende Oktober/Anfang November

Preise: DZ als EZ 125 000 ITL, DZ 200 000–280 000 ITL, Zwei-Zimmer-Suiten für max. vier Personen 360 000–504 000 ITL, Drei-Zimmer-Suiten für max. sechs Personen 540 000–756 000 ITL je nach Saison, Frühstücksbüffet inklusive; Apartments mit Küche für bis zu vier Personen 1, 2 Mio.–2 Mio. ITL je Woche ohne Verpflegung.

Anfahrt: Nördlich von Cécina SS 68 Richtung Volterra (Autobahnausfahrt Volterra), nahe der Autobahnunterführung nach Norden (links) der Beschilderung zum Agrihotel Elisabetta folgen (ca. 7 km von Cécina).

Das Hotel: Luigi Brunetti, der jahrelang bei Frankfurt am Main zwei Prominenten-Lokale besaß und dessen Kinder dort geboren, also zweisprachig aufgewachsen sind, liebt das Großzügige. So ist sein Agrihotel, das den Namen seiner Frau Elisabetta trägt und aus drei Gebäudeteilen besteht, recht groß ausgefallen. Desgleichen der Pool, sozusagen das Zentrum des Urlaubsgeschehens im Sommer, das Restaurant mit dem morgendlichen Frühstücks- und dem abendlichen Vorspeisenbüffet, das sich zu biegen droht, die Terrasse davor, der Weinkeller darunter. Keine Frage, dass – sonst wäre es kein Agrihotel – die Wein- und Oliven- ebenso wie die Obstgärten ringsum auf 25 Hektar Land wiederum Weite signalisieren. Und natürlich blickt man von hier auf das rund 6 km Luftlinie entfernte Meer mit seinen einladenden Badestränden bei und um Cécina. Ach ja, da wären noch die Zimmer (29) und Apartments bzw. Suiten (fünf): auch sie fast durchwegs von erstaunlicher Größe, einfach-rustikal und gemütlich eingerichtet, keinesfalls überladen.

Elisabetta ist der gute Geist des Hauses, Tochter Francesca für die Re-

Tipp

Centro di Educazione Ambientale Il Giardino

Direkt hinter der Provinzgrenze zu Pisa, also auch zu Fuß vom Agrihotel Elisabetta einfach zu erreichen, breitet sich dieses naturgeschützte Zentrum der Provinz aus, das mit Unterstützung der Region Toscana der Umwelterziehung dient. Aber außerdem ist es in großen Teilen jedermann zugänglich und bietet auf ausgeschilderten Wegen ein herrliches Wandergebiet. Zum Giardino gehört auch ein Wildschweingehege für die Wiederaufzucht – der großen Nachfrage der Restaurants wegen werden in der Toscana immer mehr Wildschweine benötigt. Das Gehege kann man allerdings nur in Begleitung betreten (Information vor Ort).

Das Agrihotel Elisabetta hockt mitten in Wein-, Oliven- und Obstgärten

zeption zuständig, Sohn Natalino für den Restaurant-Service, Sohn Leonardo kocht zusammen mit Vater Luigi, der sich aber eher um die Kommunikation mit und unter den Gästen kümmert. Und dies so erfolgreich, dass Familie Brunetti bereits zu zahlreiche Stammgäste verweisen kann. Auch wenn die Calabreser eher zufällig in die Toscana kamen; es war der Anblick des alten Gutshauses aus dem 18. Jh. am geschichtsträchtigen Collemezzano (schon die Römer bauten hier Wein an und Großherzog Leopold von Toscana hatte in der Nähe einen seiner Sommersitze).

In der Acht-Zimmer-Villa in der Mitte der Hotelanlage wohnen die Brunetti in herrlichen historischen Räumen, aus dem alten Geräteschuppen haben sie erst jüngst eine großartige Pizzeria mit – natürlich – großer Terrasse gebaut, aus dem früheren Hühnerstall daneben ein ausnahmsweise kleines Zimmer gewonnen.

Die Obstbäume stehen den Hausgäste zur Verfügung, ebenso der Gemüsegarten; wer Lust darauf hat, kann sich selber bedienen an Kirschen und Feigen, Aprikosen und Paprika etc. Nur Wein und Olivenöl sowie Grappa muss bzw. darf man käuflich erwerben; an der Restaurant-Bar oder direkt in der Cantina.

Restaurants in Cécina: »Scacciapensieri« ist das Herzeige-Restaurant (Fisch-Spezialitäten!) der Stadt, und seit vielen Jahren mit einem Michelin-Stern bekrönt, das »Antica Cécina« ist winzig, von jungen Wirten geführt und bietet traditionelle toscanische Kost.

Ausflugstipps: Castiglioncello ca. 10 km nördlich ist eine der hübschesten Ortschaften an der toscanischen Küste mit mehreren kleinen Buchten und einer typischen Villenarchitektur aus der Zeit der Wende vom 19. zum 20. Jh. Die knapp 5 km lange, mehrreihige Zypressen-Allee von Bólgheri beginnt 15 km südlich und ist eine der meist fotografierten der Toscana.

37
Tenuta La Bandita

Karte: C 7/8
Via Campagna Nord 30
57020 Sassetta (LI)
Tel. 0565 794224
Fax 0565 794350
Internet: www.labandita.com
E-Mail: bandita@tin.it
Kreditkarten: alle
Geöffnet Ende März bis Ende Oktober

Preise: DZ 130 000–190 000 ITL, Superior-DZ 160 000–240 000 ITL, inklusive Frühstücksbüffet.

Anfahrt: Von der Küste bei Marina di Donoratico landeinwärts Richtung Castagneto Carducci fahren, dort erst ca. 2 km die SS 329 Richtung Sassetta, dann den Hinweisschildern zur Tenuta La Bandita in die Staubstraße (ca. 500 m) folgen.

Das Hotel: Schön – möchte man beim Betreten der außen so schlichten Villa vom Ende des 17. Jh. ausrufen! Und sollte dies ruhig tun, denn die erfrischend-freundliche Besitzerin Daniela Parrini hat sich hier 1990 einen Lebenstraum erfüllt und freut sich über eine entsprechende Resonanz. Die schicke Dame des Hauses führt es von einem großzügigen Büro im Erdgeschoss aus, das sich wie auch der zweiräumige Salon mit offenem Kamin und das sehr einladende Restaurant dahinter (nur für die Hausgäste, die hier mit einem täglich wechselnden, preiswerten typisch toscanischen Menü verwöhnt werden) zum Park hin öffnet. Und überall verwöhnen Topfpflanzen und große Blumenarrangements das Auge.

Die zweistöckige herrschaftliche Landvilla besitzt außer diesen wunderschönen Aufenthaltsräumen auch im Obergeschoss eine gemütliche Ecke für die Hausgäste, die hier in geräumigen und liebevoll eingerichteten Zimmern, zehn an der Zahl, wohnen. Die Schränke sind gekonnt hinter Wandverkleidung versteckt, die Betten haben Kopfenden mit anlehnungsfreundlicher Polsterung, die Marmorbäder zeigen, dass man sich's hier auch gutgehen ließ, als die Villa noch als Wohnhaus diente. Doch der Unterhalt wurde wie so oft zu aufwendig, also machte man aus dem schönen Anwesen mit Oliven- und Obstbäumen ein kleines Landhotel, dessen Gäste mit möglichst vielen guten Erzeugnissen aus dem

Die Tenuta La Bandita ist ein Kleinod ländlicher Villenarchitektur und liebevoll-familiär geführt

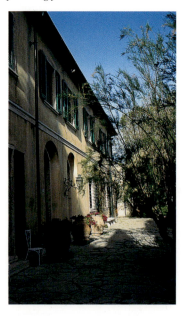

Eigenanbau verwöhnt werden sollen – die Marmeladen sind natürlich hausgemacht. Und demnächst will Ehemann Dino Filippi auch eigenen Wein anbauen.

In der kleinen Dependance befinden sich weitere drei Gästezimmer und sieben im Gebäude nahe dem Pool. – Übrigens könnte man hier auch heiraten: Die kleine Kapelle ist noch immer konsakriert.

Aktivitäten: Fünf Pferde stehen den Hausgästen für Ausritte zur Verfügung. Sonst: Wandern!

Restaurants in der Umgebung: »Bagnoli« im Wald von Castagneto Carducci (s. S. 134), das vom Michelin zweifach besternte »Gambero Rosso« an San Lorenzos Hafen (s. S. 133). Die nur abends geöffnete »Osteria Il Canovaccio« im mittelalterlichen Campiglia Marittima bietet nur Antipasti, Primi und Dolci, dafür aber ganz leckere zu ganz normalen Preisen.

Ausflugstipps: Das verlassene Bergarbeiterdorf und das Bergwerksmuseum in den historischen Stollen von San Silvestro zwischen Sassetta und Campiglia Marittima sind beide nur mit Führung zu besichtigen und die Investition eines ganzen Tages wert. Wanderstiefel mitnehmen, denn auch die naturgeschützte Landschaft ist wunderschön! Das etruskische Ausgrabungsgebiet zu Füßen von Po-

Tipp

Die Weine der Val die Córnia

Zwischen Suvereto und Piombino durchzieht das Córnia-Flüsschen eine teils schroff-hügelige, teils sanfte Landschaft, die man Val di Córnia nennt und um Campiglia Marittima herum, dem einstigen Bergwerkszentrum der Maremma (Ausflugstipp), auch touristisch aufzuwerten begonnen hat. Herzstück des Weinanbaugebietes der Val di Córnia ist Suvereto. Denn die nahe Meeresbrise sorgt für ein mildes Klima und recht ordentliche Weine, vor allem aus der Sangiovese-Traube (mit kleinen Beimengungen von Merlot oder Canaiolo, Ciliegiolo und Cabernet Sauvignon). Kleine Erzeuger spielen die Hauptrolle, solche wie »Gualdo del Re« in Notri bei Suvereto.

pulonia ›kostet‹ mindestens einen halben Tag, nachdem es didaktisch so hervorragend aufbereitet wurde, dass man diverse Routen mit unterschiedlichen Themen begehen kann. Von der Hafenstadt Piombino ist man schnell mit der Fähre auf der Insel Elba, die man an einem Tag wenigstens erschnuppern oder wo man es sich an einem ihrer herrlichen Strände gut gehen lassen kann.

38
Azienda Agricola Montebelli

Karte: D 9
Località Molinetto
58020 Caldana
Tel. 0566 887100
Fax 0566 81439
E-Mail: azienda montebelli@libero.it
Kreditkarten: außer American Express alle gängigen
Geöffnet Ende März bis Anfang November

Preise: EZ 170 000–210 000 ITL, DZ 260 000–340 000 ITL, Suiten 320 000–400 000 ITL, inklusive Halbpension (Übernachtung mit Frühstück wird nicht angeboten und ist wegen der abgelegenen Lage auch nicht zu empfehlen).

Anfahrt: Von der SS 1/Aurelia biegt man hinter Follónica bei km 214 nach Gavorrano Scalo ab, dann weiter nach Ravi–Caldana, nach ca. 5 km bei km 23 Richtung Caldana fahren und den Hinweisschildern zuletzt über eine Staubstraße zur Azienda Agricola Montebelli folgen (ca. 800 m).

Das Hotel: Wer Einsamkeit liebt und freie Natur, gerne die Seele baumeln lässt und auch mal eine Waldwanderung unternehmen, außerdem sich kulinarisch verwöhnen lassen möchte – Familienanschluss nicht ausgeschlossen –, der wäre hier an der richtigen Adresse. Erst 1995 waren die Tosi so weit, das Landhotel auf ihrem bereits 1990 erworbenen Landgut zu eröffnen, das nun über 21 Doppelzimmer (einige zu Suiten kombinierbar) und zwei ›echte‹ Suiten im Haupthaus sowie im Nebengebäude verfügt, alle mit SAT-TV, außerdem über einen Pool im schönen, sehr ausladenden Garten mit Schatten spendenden Bäumen.

Sohn Alessandro Tosi führt das 102 Hektar große landwirtschaftliche Gut mit allein 1300 Ölbäumen, durch das mehrere markierte Wanderwege führen (mit den Namen aller Kinder der Familie) und das neben einem vollmundigen Sangiovese auch Olivenöl produziert. Stiefmutter Carla kann man in allen Fragen des Hauses und des Restaurants befragen, das übrigens in einer alten Ölmühle Platz gefunden hat. Davide Lorenzini aus der Maremma, fast schon ein Famili-

---

Tipp

Toscanas jüngste Weinstraße

Strada del Vino Monteregio nennt sich die Weinstraße von Massa Marittima, die das jüngste, erst 1994 festgelegte DOC-Weinanbaugebiet der Toscana erfasst und sich vor allem durch die Colline Metallifere der sogenannten Alta Maremma Grossetana hindurchschlängelt. Sie führt zu Weingütern und Weinhandlungen, Bauernhöfen mit der Herstellung von typischen Produkten, aber auch zu guten Restaurants und schönen Handwerksläden. Eine Landkarte der Weinstraße, in diversen Informationsstellen der Provinz Grosseto erhältlich, bietet auf der Rückseite sogar Adressen mit den Öffnungszeiten der Betriebe. Einer dieser Betriebe ist die Azienda Agrituristica Montebelli (s.o.).

enmitglied, kocht eine ausgewogene toscanische Kost, täglich ein wechselndes festes Menü; freitags gibt es Fisch und donnerstags Barbecue. Von Letzterem schwärmt Alessandro, der übrigens auch Deutsch spricht, weil es in der großen Außenanlage neben dem Haupthaus mit Bar und großer Feuerstelle zubereitet wird. Donnerstags, verrät er, kommen die Gäste immer sehr spät ins Bett... Aber auch sonst wird an lauen Abenden draußen aufgetischt, bei Kerzenschein.

Aktivitäten: Ein Tennisplatz und sieben rassige Pferde sowie zwei Ponys (für Kinder) stehen den Hausgästen zur Verfügung. Einen Kochkurs kann man bei der Wiesbadenerin Annette Gottmann belegen, die auch kreatives Handwerk unterrichtet und sich in der Kräuterheilkunde auskennt.

Restaurants in der Umgebung: An der Küste speist man im Allgemeinen relativ teuer, aber zu empfehlen sind dennoch in Castiglione della Pescaia »Da Romolo« und »Pierbaco«, in Follónica »Da Paolino« und »Piccolo Mondo«. Im Vorort Ghirlanda von Massa Marittima kann man sich im Michelin-besternten, wirklich feinen und guten Restaurant »Bracali« (s. S. 131) von der gleichnamigen Familie kulinarisch verwöhnen lassen.

Ausflugstipps: Der einladende Badeort Castiglione della Pescaia mit seiner weiten Lagune und dem hübschen Castello darüber lockt ebenso wie der dichte Pinienwald der Halbinsel von Punta Ala mit dem gleichnamigen mondänen Hafen zu Tagesausflügen. Erst Recht der Maremma-Naturpark Monti dell'Uccellina (Tickets und organisierter Einlass ab Alberese), für dessen Erkundung man Wanderstiefel einpacken sollte. Und Badesachen, denn davor breitet sich ein herrlicher, feinsandiger Strand aus.

Tief im früheren Mühlental breitet sich die Azienda Agricola Montebelli aus

Hotels/Maremma-Küste & Hinterland

39
Antica Fattoria La Parrina

Karte: E 10/11
Località La Parrina
58010 Albinia (GR)
Tel. 0564 862636
Fax 0564 862626
Internet: über die Region Toscana
www.Regione.Toscana.it
E-Mai: parrina@dada.it
Kreditkarten: alle gängigen
Ganzjährig geöffnet, zeitweise Januar/Februar geschlossen

Preise: Zimmer im alten Herrenhaus, der Fattoria, in der Hochsaison nur wochenweise buchbar, sonst je Tag mit Frühstück EZ 105 000–220 000 ITL, DZ 170 000–320 000 ITL (nach Wochenend- und Wochenarrangements fragen!); Apartments im sogenannten Kirchentrakt Chiesa ohne Frühstück ab 160 000 ITL.

Anfahrt: Von der Aurelia/SS 1 nach 4 km südlich von Albinia Richtung Parrina abbiegen (2 km).

Das Hotel: Das erst im Sommer 1999 eröffnete La Parrina ist eines der größten und historisch auch sehr interessanten Landgüter der Toscana, die in privater Hand geblieben sind. Bereits zu Beginn des 19. Jh. begann die Geschichte der Fattoria, die heute 470 Hektar (einst 1800!) bestes Agrarland umfasst. Man kann es kaum glauben, dass man sich hier im einst gefürchteten, malariaverseuchten Sumpfgebiet der Maremma befindet, wenn man in das Viereck des Gutshofes einfährt. Auf drei Seiten stehen die historischen Gebäude, die sogenannte Chiesa, die Fattoria (das alte Herrenhaus) und das alte Wirtschaftsgebäude mit der Rezeption. Die vierte Seite nimmt die Parkmauer ein, die den Privatbereich der Besitzer vor Neugierigen abschirmt.

Die zwölf Zimmer befinden sich auf den drei Etagen des früheren Herrenhauses mit einem feinen Speisezimmer für das Frühstück und dem festen gemeinsamen Abendmenü (so man es buchen möchte) sowie großartigen Salons (einer mit Kamin) und Freiräumen, zu denen auch eine einladende Terrasse gehört. Das dritte Stockwerk wurde zuletzt ausgebaut und besitzt einen eigenen Charakter

Tipp
Einkaufsparadies für Frische-Fans

Direkt unter der Rezeption des Landgutes, von der rechten Gebäudeseite aus erreichbar, befindet sich ein Schlemmerparadies besonderer Art: der Laden der Fattoria La Parrina. Wer wissen will, wie knackig-frisches Gemüse aussieht und schmeckt oder noch warme Ricotta mundet, der sollte sich hier schon früh am Morgen einfinden, im Frühjahr Zucchini-Blüten erstehen und sich erklären lassen, wie man sie am leckersten füllen könnte, gerade geerntete Artischocken auch zum Rohessen mitnehmen, saftige Fenchelknollen und, und... Natürlich bietet der Laden auch den hauseigenen, hervorragenden Wein, das eigene Olivenöl – eben alles, was auf dem Landgut produziert wird.

So einladend sind die Betten der historischen Fattoria La Parrina

mit fast gewagten Farbkombinationen vor allem in den geschmackvollen Bädern. Die Zimmer sind recht geräumig teils mit Boudoir und kostbaren Antiquitäten sowie wunderschönen, schweren Baumwolldecken und -vorhängen. Keine Nummern, sondern die Namen je eines Familienmitgliedes der Gutsbesitzer, den Nachfahren der Marchesi Spinola und Giuntini, tragen die Zimmer.

Die Apartments befinden sich im Obergeschoss der Chiesa, darunter in den früheren Lagerräumen des Landgutes das Degustations-Lokal unter schönen Backsteingewölben, wo man zur Weinprobe auch Kleinigkeiten zu essen bekommt, alles aus den gutseigenen Erzeugnissen.

Restaurants in der Umgebung: In Magliano in Toscana ca. 17 km nordöstlich von La Parrina die »Antica Trattoria Aurora« (s. S. 130), im zauberhaften Capalbio etwa 25 km südöstlich die perfekte Trattoria »Da Maria« (s. S. 132) und in Porto Santo Stefano auf der vorgelagerten einstigen Insel Monte Argentario mehrere Fischrestaurants (s. S. 91).

Aktivitäten: Reiten auf den Fattoriaeigenen Pferden; Mountainbike-Verleih.

Ausflugstipps: Monte Argentario mit einem Boot oder dem Wagen umrunden, vor allem Porto Santo Stefano mit seinem bedeutenden Fischereihafen (morgens Fischmarkt) besuchen; der südliche der drei Dämme über die Lagune von Orbetello, der Tómbolo di Feníglia, besteht aus einem prächtigen, naturgeschützten Pinienwald, den man erwandern oder mit dem Fahrrad erkunden kann (Radverleih vor dem westlichen Eingang). Nahe dem östlichen Einstieg zu bewundern: die Tagliata Etrusca, die dafür sorgte, dass der Hafen von Cosa Ansedonia nicht versandete – ein tiefer Schnitt durch den Felsen der Halbinsel.

40
Il Pellicano

Karte: E 11
Località Lo Sbarcatello
58018 Porto Ercole (GR)
Tel 0564 833801
Fax 0564 833418
Internet:
http://www.ouverture.it/pellicano
E-Mail: pellicano@ouverture.it
Kreditkarten: alle
Geöffnet Mitte April bis Ende Oktober

Preise: DZ 480 000–1,1 Mio. ITL, Apartments bzw. Suiten 900 000–2, 3 Mio. ITL, inklusive Frühstücksbüffet.

Anfahrt: Von Orbetello kommend auf dem Monte Argentario Richtung Porto Ercole fahren und von dort den Hinweisschildern zum Hotel folgen, das an einer Sackgasse liegt.

Das Hotel: Betäubender Lilienduft empfängt die Gäste beim Betreten des Hotels, die großen Blumenarrangements gehören ebenso zur Philosophie des Pellicano wie die Exklusivität durch den Preis. Das absolut teuerste Hotel der Toscana, vielleicht noch mit der Villa San Michele in Florenz vergleichbar, ist ein Haus für Leute, die sich alles leisten können, und so soll es laut Marketing-Strategie bleiben. Diese Landidylle war nämlich von Anfang an auf Luxus pur konzipiert, wenn auch ganz privat: Für Patsy Daszel und Michel Graham – sie eine Hollywood-Schönheit, er ein englischer Pilot, der dadurch weltberühmt wurde, dass er als Einziger einen Flugzeugabsturz überlebte, indem er kurz vor dem Aufprall aus der Maschine sprang. Beide waren sich auf einer sonst langweiligen Party in Kalifornien begegnet, verliebten sich und gingen bald darauf auf die Suche nach einem wilden Stück Natur, um sich dort ihr Liebesnest zu bauen: Voilà Il Pellicano im fernen Italien.

Da auch die schönste Liebesgeschichte einmal zu Ende geht, und wenn auch nur durch das Ableben der Romantiker, wurde 1965 das einstige Liebesnest als Hotel eingeweiht. Ab 1979 wurden allmählich insgesamt sechs Häuser ringsum dazu gekauft und in das Hotel integriert; in ihnen (besonders schön im sog. G-Cottage) befinden sich die großzügigsten Suiten. So schön, dass manche Gäste sich jede Mahlzeit darin servieren lassen, um ja keine Minute im erholsamen Ambiente zu verpassen...

Schön wirken die nackten Steinmauern des gesamten Komplexes, der sich teilweise im dichten Macchia-Wald versteckt. Insgesamt besitzt das Hotel seit dem letzten Ausbau im Mai 2000 nun 32 Doppelzimmer und 18 Suiten. Davon befinden sich 16 ausgesprochen elegante Zimmer im Haupthaus mit Rezeption, Bar und Salon sowie riesiger Terrasse, darunter dehnen sich die Barbecue-Terrasse und der Pool (mit beheiztem Meerwasser!) aus. Von hier schaut man weiter abwärts zu den betonierten Sonnenflächen der privaten Felsenbucht des Pellicano.

Ob im eleganten Restaurant drinnen oder auf der großen Terrasse davor bzw. auf der Barbecue-Terrasse – die Hausgäste werden mit einer toscanischen Küche verwöhnt, die sich international präsentiert (so die offizielle Bezeichnung). Dazu werden die besten Weine der Toscana – und ein paar andere – kredenzt, bis zu vier Millionen Lire die Flasche! Kein

Wunder, dass ›man hier unter sich bleibt‹...

Aktivitäten: Im neuen Beautycenter mit Fitnessraum und Massage kann man auch Schönheitsurlaub verbringen. Während der Nachsaison werden Kochkurse abgehalten. Sportliche Gäste surfen am südlichen Damm von Feníglia und reiten am nördlichen Damm von Giannella (nahe Albinia); beim Hotel können außerdem Tauchkurse organisiert werden.

Restaurants auf dem Monte Argentario: In Porto Santo Stefano sind Fisch und Meeresfrüchte die Spezialitäten, z.B. in »La Bussola«, bei »Armando«, auch an der Cala Moresca im »Morsco« mit Giglio-Blick sowie mitten in der Lagune von Orbetello im gleichnamigen Städtchen in der »Osteria del Lupacante«.

Ausflugstipps: Ca. 20 km entfernt breitet sich der Giardino dei Tarocchi

Tipp

Märkte auf dem Monte Argentario

Gut einkaufen, auch kulinarische Leckereien, kann man jeden Montag in Porto Ercole, am Dienstag in Porto Santo Stefano (wo jeden Morgen außerdem der Fischmarkt stattfindet), am Samstag in Orbetello – und Donnerstag in der Provinzhauptstadt Grosseto.

von Nike de Saint Phalle südlich des ebenfalls sehenswerten befestigten, früheren Brigantendorf Capalbio aus. Wanderer und Naturfreunde können sich im streng geschützten Parco Naturale della Maremma austoben (Eingang bei Alberese ca. 35 km entfernt). Bootsausflüge zur kleinen Nachbarinsel Insel Giglio (55 Minuten ab Porto Santo Stefano); s. auch S. 89.

Exklusiver und teurer kann man in der ländlichen Toscana kaum wohnen: Il Pellicano

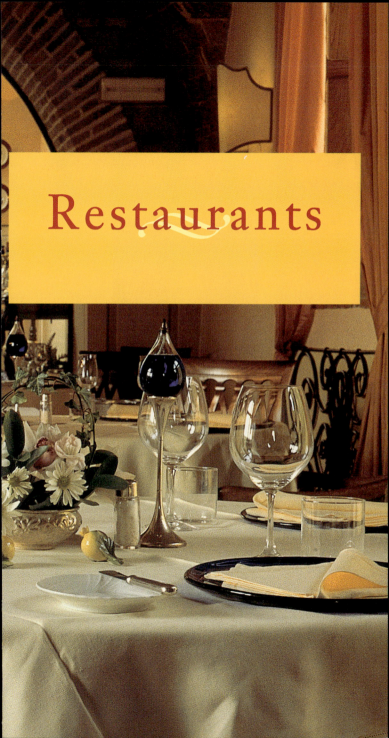
Restaurants

Restaurants

Nicht selten wartet am Ende einer Strada bianca, einer wahrlich staubigen ›weißen Straße‹ eine kulinarische Oase. Sei es eine gemütliche Trattoria, häufig in Traumlage, wie es sie in der Toscana unendlich viele gibt. Oft aber führt ein solcher Weg auch in ein ausgesuchtes Feinschmecker-Restaurant.

Welch ein Genuss, zwischen zwei Bissen in eine mit köstlichem Olivenöl beträufelte, knoblauchduftende Bruschetta oder in ein hauchdünnes Crostino mit zart gewürzter, hausgemachter Leberpastete seinen Blick in die weite Hügellandschaft etwa des Chianti schweifen zu lassen, den Wind leise in der Weinpergola rascheln zu hören, gedankenverloren einen Schluck guten Roten zu nehmen, wieder zu schauen...

Brot ist in der Toscana genauso wenig entbehrlich wie Wein, und zwar das täglich frische Brot mit seiner krachend-knackigen Kruste, ungesalzen, wie es hier so Sitte ist. Brot wird zu allem und bei jeder Gelegenheit gereicht. Aber Brot wird auch verarbeitet: zuallererst zu *Bruschette* und *Crostini*. Eine dicke Scheibe frischen Brotes braucht es für die Bruschetta, mit Knoblauch eingerieben und mit ›jungfräulichem‹ Olivenöl beträufelt, nur mit frisch gemahlenem Pfeffer direkt aus der Mühle und einem Hauch Salz gewürzt – für manche Fans bereits eine Offenbarung. Für die kleinen dünnen Crostini kann auch anderes Brot verwendet werden, die Hauptsache ist bei diesen nämlich der Belag, und dieser muss hausgemacht sein: Leber- und Milzpastete, würzige Tomatenpaste oder Tomatenstückchen mit Basilikum, es darf aber auch eine Art Mayonnaise sein, eben für die ›weißen‹ Crostini.

Die Krönung dessen, was aus Brot gezaubert werden kann, sehen die Toscaner allerdings in ihren Suppen: *Panzarella* an erster Stelle, einfach ausgedrückt eine dicke Brot-Tomaten-Suppe, dicht gefolgt von der *Ribollita*, die ›Wiederaufgekochte‹ aus allerlei Gemüse und weißen Bohnen, nur eben auf altbackenem Brot serviert. Aber auf Gemüse stehen die Toscaner, es ist für sie wichtiger als Pasta oder Reis und muss stets ganz frisch sein, am liebsten aus dem eigenen Garten – oder eben vom nächstliegenden Markt, wie er aus den italienischen Städten und Dörfern, und seien sie noch so klein, nicht wegzudenken ist. Große Vorspeisenbüffets können sogar nur aus Gemüse bestehen, das saisonal bedingt eine große Vielfalt bringen kann. Da findet man

Toscanische Restaurants

Die Grenzen sind schon lange fließend, und doch sagen die Bezeichnungen zumindest noch etwas über das Ambiente des Lokals aus:

Trattoria verheißt schlichtes familiäres Ambiente und kann ein lukullischer Tempel sein, der sich in eben dieser alten Tradition fühlt oder gebärdet.

Osteria war ursprünglich ein Weinlokal, in dem man den offenen Wein kaufte und dazu eine meist deftige, mitgebrachte Brotzeit aß; ihr folgte die *Osteria con cucina*, mit Küche also. Heute ist es eine häufig feine Adresse, in der man manchmal nicht einmal mehr Wein in Flaschen kaufen kann. Aber das Ambiente müsste stimmen.

Ristorante gilt folgerichtig fast schon als Understatement.

Tavola calda verspricht einen Stehimbiss nach toscanischer Art, in dem man auch für Zuhause frisch zubereitete Gerichte einkaufen kann.

Dass eine *Bar* in Italien und also auch in der Toscana nichts mit einer Bar nördlich der Alpen zu tun hat, braucht wohl nicht mehr unbedingt betont zu werden. Dennoch: Hier gibt es duftenden Espresso (ital. *caffè*), aber auch andere warme Getränke sowie Alkoholisches, in der Toscana allerdings fast immer auch eine Kleinigkeit zu essen, vielfach auf Wunsch aus den ausgelegten Wurst- und Käsewaren frisch zubereitet.

Preiskategorien

Günstig
Vorspeisen und Suppen oder
Teigwaren 5 000–8 000 ITL
Hauptgerichte 10 000–15 000 ITL
Menüs 25 000–35 000 ITL

Gehoben
Vorspeisen und Suppen oder
Teigwaren 12 000–20 000 ITL
Hauptgerichte 20 000–35 000 ITL
Menüs 60 000–80 000 ITL

Moderat
Vorspeisen und Suppen oder
Teigwaren 8 000–12 000 ITL
Hauptgerichte 15 000–20 000 ITL
Menüs 35 000–50 000 ITL

Teuer
Vorspeisen und Suppen oder
Teigwaren 20 000–45 000 ITL
Hauptgerichte 45 000–80 000 ITL
Menüs 100 000–160 000 ITL

N.B: Fischgerichte kosten fast immer mehr als Fleischgerichte; Beilagen müssen meistens hinzu gerechnet werden – wo nicht, wird dies im Text speziell erwähnt.

---

gegrilltes oder ausgebackenes Gemüse, gefülltes oder gedämpftes.

Aus dem Chiana-Tal stammen ursprünglich die weißen Rinder, die das beste Fleisch für die *Bistecca fiorentina* abgeben, ein saftiges Stück T-Bone-Steak vom Holzkohlenrost, das geradezu zelebriert wird. Dazu höchstens ein Stück Brot und/oder weiße Bohnen, die nur einen Hauch von Olivenöl, Salz und viel frisch geschroteten Pfeffer als Würze vertragen. Ähnlich einfach und doch köstlich werden Stein- und andere Waldpilze verarbeitet und natürlich Wildschwein, Zicklein und Milchlamm. Aber auch Kaninchen und schlichtweg Hähnchen, zusammen als gemischter Braten kross und sehr heiß aus dem Backofen.

Dann die Kutteln, die als *Trippa fiorentina* toscanaweit den besten Ruf genießen und die man in der Regionalhauptstadt tatsächlich noch auf manchen kleinen Plätzen an einer winzigen Garküche, die man eher in Fernost vermuten würde, in ein Brötchen gedrückt bekommt und dort im Stehen verzehrt. Ähnlich wird die *Porchetta* behandelt, das gefüllte Jungschwein, das auf den Märkten und Jahrmärkten in dünne Scheiben geschnitten, mit Pfeffer nachgewürzt und mit einem Schluck Rotwein aus dem Plastikbecher genossen wird.

Toscana-Kenner wissen: So einfach muss es nicht immer sein! Was früher armer Leute Essen war, etwa der ge-

Freier Lauf der Fantasie: Crostini

Die weißen Rinder aus dem Chiana-Tal liefern das beste Fleisch für die Bistecca fiorentina, die von Liebhabern geradezu zelebriert wird

füllte Hühnerhals, ist zur teuren Delikatesse geworden, weil es kaum noch jemand zubereitet, geschweige denn die berufstätige Hausfrau. Und geradezu raffiniert kann es an der Küste werden, wo sich die jüngere Köchegeneration in fantasievollen Gerichten aus Fisch und Meeresfrüchten austobt – oder die stets frischen Meeresbewohner roh, nur kurz gedämpft oder gegrillt auf den weiß gedeckten, üppig mit Blumen geschmückten Tisch bringt. Dazu frische, teilweise auch leicht perlende Weißweine – die Toscana hat schließlich nicht nur den roten Chianti, den schweren Nobile di Montepulciano oder den kostbaren Brunello di Montalcino zu bieten.

Zum Nachtisch: Käse, nicht nur den heiß geliebten Pecorino, sondern inzwischen auch immer mehr verfeinerte Sorten aus Schafsmilch, wie etwa im Felsenloch gelagert *(Pecorino del fosso)* oder mit Kastanienblättern oder Weintrester umhüllt. Besondere Sorgfalt verwenden ein paar junge kreative Erzeuger in die Herstellung von Ziegenkäse. Zum Nachtisch gibt es jedoch auch Süßes in unglaublicher Fülle, doch typisch toscanisch sind in den bergigen Gebieten die *Crostate*, Kuchen aus dünnem Teigboden mit dem verschiedensten Belag aus Obst und Ricotta beispielsweise und die unvergleichlichen *Cantucci*, original aus Prato stammend, aber überall im Lande zu haben und zum Vinsanto, dem süßen Dessertwein der Toscana, der in mühe- wie liebevoller Arbeit hergestellt wird, geradezu unentbehrlich. Je feiner das Lokal, desto vielfältiger fällt die Auswahl an Desserts aus.

Restaurants/Zwischen Florenz und Siena

Lokale in Florenz

Traditionelle Mescite
Eine *Mescita* (pl. *Mescite*) ist im guten alten Sinne eine Art Osteria, aber in Florenz und Umgebung nannte man sie früher anders. Und man ist nun froh um jede, die es noch immer – oder schon wieder – gibt. Sicher werden auch die Mescite eines Tages das Schicksal der meisten Osterie erleiden und zu schicken kleinen Restaurants werden, die Preislage – Florenz ist nun einmal ein teures Pflaster – zielt schon dahin. Dennoch lassen sich ein paar finden, deren Küche echt florentinisch und die Atmosphäre die einer alten Weinstube ist, in der sich noch immer Florentiner zu einem schnellen schmackhaften Essen und einem guten Glas Wein dazu treffen, noch immer preiswert! Beispielsweise:
»Fiaschetteria« gleich zweimal, einmal (mittags und abends geöffnet außer Mo und Ende Juli/Anfang August) in der Via de´ Neri 17r, wo eine Kneipe neben der anderen steht und man eine preiswerte Mahlzeit bekommt – einmal in der Via degli Alfani 70r (geöffnet außer So und zwei Wochen im August 9–19 Uhr), wo es mittags von Studenten nur so wimmelt, weil man zum ordentlichen Glas Wein für wenig Geld einen Primo mit Salat bekommt. Ganz besonders ist die Atmosphäre im »Fuoriporta« in der Via Monte alle Croci 10r südlich des Arno im wuseligen San Niccolò-Viertel, wo es außer So und zwei Wochen im August mittags wie abends bis spät eine riesige Auswahl an Weinen und gegen den kleinen und auch größeren Hunger Crostini, eingelegtes Gemüse und frisch zubereitete Primi sowie leckere Kuchen gibt. Die vielleicht tollste Mescita aber ist die »Osteria Antica Mescita San Niccolò« in der Via San Niccolò 60r unterhalb des Piazzale Michelangiolo (außer So zu den Essenszeiten bis nach Mitternacht geöffnet), wo es, u.a. tief unterhalb des Lokals in der früheren Krypta von San Niccolò ganze Menüs gibt, natürlich in der eigenen Küche frisch zubereitet.

Neuere Weinstuben
In der »Cantinetta Verrazzano« an der Fußgängerzone der Via Calzaiuoli (Ecke Via de´ Tavolini 18–20) zwischen Dom und Piazza Signoria bleibt zu den Essenszeiten (außer So) keines der winzigen Tischchen frei, denn die Florentiner selber haben dieses angenehme Lokal schnell angenommen: mehrere kleine Spezialitätenstände

Hier treffen sich die Florentiner zum schnellen Mittagessen: Enoteca Verrazzano

(Käse, Wurst und Schinken), ein Bäcker, der am laufenden Band Brot, verschieden belegte Focacce, Kuchen etc. produziert, und natürlich eine Enoteca, die Weine von Verrazzano, für die schließlich das Lokal erdacht wurde, im Angebot hat. Man bestellt einen Imbiss (kann ihn auch mitnehmen) und trinkt dazu den passenden Wein – alles zu den Essenszeiten allerdings relativ hektisch, also lieber vorher oder nachher kommen. Jede Woche neue Leckereien stehen auf dem Speiseplan von »Coquinarius« ganz in der Nähe in der Via delle Oche 15r, wo es in angenehmem Ambiente außer So mittags und abends bis spät an der Bar gute toscanische und italienische Weine zu probieren gibt. Nahe der Kirche Santa Croce befindet sich in der Via Giuseppe 18r die gepflegte Weinbar »Baldovino« (außer Mo mittags und abends bis Mitternacht) mit einer großen Auswahl an kleinen Imbissen und guten Weinen, die man auch mitnehmen kann. Die teuerste und feinste aller Weinstuben befindet sich im Stadtpalazzo der berühmtesten Weinproduzenten der Toscana, der Antinori an der Piazza Antinori 3 in der »Cantinetta Antinori«: außer Sa+So mittags und vor allem abends, wo ohne Reservierung kein Plätzchen frei bleibt, weder an einem der kleinen dunkeln Tischen noch an der Bartheke.

Trippaioli

Die kleinen Garküchen, die man eher im Fernen Osten oder im Orient erwarten würde, sind aus dem Stadtbild von Florenz nicht wegzudenken. Die Trippaioli verkaufen dort frisch und dampfend aus dem Gartopf *Trippa*, also vorgekochte Kutteln oder Kaldau-

> ## Tipp
>
> »Ein Leben lang« schon außer Sa steht Palmiro Pinzauti auf der kleinen Piazza de´ Cimatori nahe dem sogenannten Dante-Haus hinter der Via Calzaiuoli, und klärt Fremde gerne auf, wie man den *Lampredotto* richtig verspeist, nämlich nur mit grobem Salz und Pfeffer gewürzt. Auch wenn er eine grüne und eine scharfe Soße bereithält – für alle Fälle. An der Loggia del Porcellino findet man Orazio Nencioni (außer Sa), bei dem man noch Kalbskopf und andere Innereien außer den Kutteln kaufen kann, die die Florentiner zu Hause weiterverarbeiten. Geradezu raffinierte Rezepte aus Lampredotto und Kalbskopf (besonders lecker: Lampredotto auf Ribollita) läßt sich Mario Alberguçci an der Porta Romana einfallen, weshalb sein Stand Mo–Fr schon früh morgens von Florentinern belagert wird; nur bei ihm gibt es außerdem eine Spezialität aus Livorno: Stierhoden.

nen, die Vormägen der Wiederkäuer (zum Mitnehmen, um sie zu Hause weiter zuzubereiten), und *Lampredotto*, etwas dunkler, die Kalbskutteln, die frisch in ein großes Brötchen gedrückt und nach Wunsch gewürzt werden und die man im Stehen vor der Garküche verzehrt und mit etwas Wein oder einem Softdrink runterspült. Achtung: Im August wird man die Trippaioli vergeblich suchen, denn dann machen die meisten von ihnen Urlaub – wer will denn auch bei größter Hitze warme Kutteln essen?

1
La Casellina

Karte: F 4
Località Montebello
50065 Pontassieve (FI)
Tel. 055 8397580
Di– So, im Winter Mi–So
12.30–14.30, 19.30–23/24 Uhr
Kreditkarten: alle außer American Express
Preiskategorie: moderat

Anfahrt: Von Pontassieve nach Norden Richtung Rufina, dort nach dem Vorort Montebello und der Osteria fragen, die westlich des Sieve liegen. Ortskundige fahren westlich des Sieve-Flusses von Pontassieve direkt hin (ca. 6 km).

Recht einsam – und nicht gut ausgeschildert – steht das weiße Haus an einem leichten Hang inmitten von Weingärten, die den Ruhm Rufinas ausmachen. Doch sich durchzufragen wird niemand bereuen. Wer jedoch am Wochenende oder an einem Feiertag keinen Tisch vorbestellt hat, dürfte meistens leer ausgehen. Was wirklich schade wäre, denn das erst 1993 im großen Raum einer früheren Pizzeria etablierte Lokal ohne Schnörkel, das eher an eine Garage erinnert (war tatsächlich der Pferdestall der Casa colonica), darf man ruhigen Gewissens zu den besten – und dazu preiswerten – der Region zählen. Gemütlichkeit strahlt der große Eckkamin aus, der an kühlen Abenden angezündet wird. Ganz herrlich ist es hier während der warmen Jahreszeit: Dann wird draußen auf der blumengeschmückten Terrasse aufgetischt, und nach dem ausführlichen Mahl kann man sich auf einer weiteren Erdterrasse im Gras oder auf einer Bank niederlassen und über die angenehmen Dinge des Lebens sinnieren... Nachmittags gibt es draußen im Garten sogar eine *Merenda*, eine Brotzeit.

Stefano Frassineti legt großen Wert auf die Weine aus Rufina: Hier bekommt man die besten und auch die einfachen, aber guten Lagen, angefangen bei den edlen Tropfen der benachbarten Marchesi Frescobaldi, deren Pomino, ob Bianco oder Rosso, auf jeden Fall fruchtig im Geschmack, wunderbar zu Stefanos köstlichen Gerichten passt. Sie sind allesamt toscanisch verwurzelt und doch kreativ abgewandelt. Stefano, von Beruf Schmuckexperte, war lange in England unterwegs und hasste die dortige Küche so sehr, dass er aus purer Verzweiflung (»um zu überleben!«) zu kochen begann. Daraus wurde erst Hobby und dann Leidenschaft; er ließ sich für Hochzeiten und andere Gesellschaften engagieren – bis er schließlich hier bei Pontassieve seine liebevoll »La Casellina«, das kleine Haus, genannte Trattoria aufmachte. Sein Credo: »una cucina territoriale, staggionale, non banale, con tutti ingredienti locali« – saisonabhängig, bloß nicht banal, aus lokalen Produkten. Täglich gibt es ein neues Menü, je nach Marktlage und Stefanos Laune. Wenn man manchmal etwas warten muss, liegt es daran, dass alles frisch zubereitet wird.

Die *Apertura della casa* bleibt eine in der Toscana fast überwältigende Ausnahme an Fantasie und Üppigkeit: acht verschiedene Crostini und Gemüse-Quiche sowie Dinkelsalat mit Rindfleisch, diverse kleine Salate,

Sonn- und feiertags muss im Casellina unbedingt ein Tisch vorbestellt werden

ein frisch gebackenes Nussbrötchen mit Fenchelsalami, eingelegte Pecorino-Stücke. Die frische Pasta ist selbstverständlich hausgemacht, etwa die großen Ravioli, wir würden dazu eher Tortelloni sagen, aber jede italienische Region hat ja bekanntlich ihre besondere Abwandlung. Stefanos Ravioli jedenfalls sind verschieden groß und unförmig aus hauchdünnem, dottergelbem Teig, mit Ricotta und Rucola gefüllt und mit heißer, endlich einmal intensiv nach Knoblauch duftender Rucolasoße übergossen, dazu ein Sträußchen vom würzigen Grün. Die Teller sind liebevoll, aber nicht überfrachtet garniert, und den Parmesan schabt Stefanos Küchenhilfe in großen Streifen über die Pasta. Der *Stinco di maiale al forno*, die toscanische Schweinshaxe, kommt so kross aus dem Ofen, dass auch eingeschworene Vegetarier schwach werden könnten.

Zu den weißen Bohnen, aus der toscanischen Küche als Beilage zu Fleischgerichten bekanntlich nicht wegzudenken, werden drei verschiedene Olivenöle gereicht – Kenner wissen das zu schätzen! Und dann erst die Süßspeisen! Neun bis zehn verschiedene, hausgemachte Leckereien; auf die apfelduftende *Sfogliatina di mele* aus hauchfeinem Blätterteig, zu einem Riesen-Bonbon ›gebunden‹, lohnt es sich unbedingt, die angegebenen 15 Minuten zu warten.

Alles bleibt übersichtlich: Sogar manche feine Weine kann man glasweise bestellen, das sonst unerlässliche Coperto ist ebenso wie der Service im Preis inbegriffen. Außerdem hat Stefano ein Herz für Familien: Es gibt täglich ein preiswertes Kindermenü.

Restaurants/Florenz und Umgebung

2
Osteria del Girodibacco

Karte: E 4
Via Nazionale 8
Località Cafaggiolo
50031 Barberino di Mugello (FI)
Tel. 055 8418173
Fr–Mi 12–14.30 und 19–22.30 Uhr
Kreditkarten: alle außer American Express
Preiskategorie: günstig

Anfahrt: Brenner-Autobahn A 1 Ausfahrt Barberino di Mugello, Richtung Borgo San Lorenzo fahren; das Lokal steht in Cafaggiolo ca. 100 m hinter der Medici-Festung linker Hand an der Landstraße.

Die Marketing-Fachfrau Paola Nencini und ihr Mann Giuseppe Morello, genannt Pino und von Beruf wie so viele Wirte uriger Lokale ganz etwas anderes, nämlich Software-Spezialist, haben sich einen Traum erfüllt: eine Osteria mit Küche, so zentral im Mugello gelegen, dass sie kaum ein Handelsreisender oder ein Handwerker aus der Gegend auslassen dürfte. Vorne die Mescita, im guten alten Florentiner Sinne ein Weinausschank, wo man glasweise meist preiswerte gute Tropfen trinken und eine Kleinigkeit dazu essen bzw. knabbern kann: eine Bruschettina oder ein paar Crostini, ein Stück Parmesan (die Emilia Romagna ist schließlich ganz nahe).

An der schwarzen Tafel ist der Wochenplan für die originalen Spezialitäten aus der Küche angeschlagen, die hier Erstaunliches aufweisen, näm-

In der Osteria del Girobacco gibt es täglich ein anderes Menü

lich vielfach Innereien, wie man sie selten außerhalb von Florenz und dort auch nicht mehr so einfach bekommt. Etwa den *Lampredotto*, Kalbskutteln fein geschnitten und zusammen mit Mangold zubereitet, oder den *Riso di lampredotto*, die *Zampa di vitello* (Kalbsfuß) und *Trippa in vino bianco*, eine Kuttelvariante, die *Lingua in dolce forte*, also Kalbszunge süß-scharf.

Man speist in zwei hinter einander liegenden, schlicht eingerichteten Räumen mit Rauchverbot (!), im Sommer auch draußen auf der Terrasse, die weg von der Straße nach hinten gerichtet ist. Paoloa und Gino haben das schon betagte Lokal 1996 erworben und, bei Paolas entwaffnendem Charme kein Wunder, mit ihrem neuen Konzept sofort Erfolg gehabt. Lauter Stammgäste platzen mittags hungrig ins Lokal, alle werden wie alte Freunde begrüßt. – Wer in diese Osteria geht, sollte übrigens poppige, manchmal laute Musik mögen… Das gehört mit zum Spaß der beiden Wirte an ihrer Arbeit.

Da Delfina

3

Karte: D 5
Via della Chiesa 1
59015 Artimino (FI)
Tel. 055 8718074
Di–So 12.30–14.30/15 und
19.30–22.30 Uhr und später
Kreditkarten: keine!
Preiskategorie: moderat

Anfahrt: Das Restaurant steht mitten im kleinen Dorf Artimino knapp 9 km westlich von Lastra a Signa westlich von Florenz.

Im Da Delfina lassen sich die Gäste viel Zeit

1998 wurde die seit vielen Jahren perfekte ländliche familiäre Trattoria mit einem Michelin-Stern bedacht. Sie verdankt ihre konstante Qualität ohne Zweifel Carlo Cioni, dem Oberhaupt der Familie und Chef des Hauses. Das Erstaunliche an Da Delfina: das Preis-Leistungsverhältnis, das gerade in der ländlichen Toscana seines Gleichen sucht! Natürlich haben auch Carlos Küchenchef und der Neffe begonnen, die Teller besonders hübsch anzurichten, wie es sich für Michelin-Restaurants gehört, doch am Geschmack wird nicht herum getan, die Saison und die Frische der Produkte bestimmen den Speiseplan, der täglich neu zusammengestellt wird. Die Rezepte hat Carlo noch fast original von seiner betagten Mutter Delfina, die so bereits die vornehmen Jagdgesellschaften bekochte, als die Familie die Jagdaufsicht in der benachbarten Paggeria Medicea (s. S. 18) hatte.

Kaum woanders dürfte man so schmackhaft zubereitetes Wildgeflügel finden wie in dieser zum Glück so ländlich gebliebenen Trattoria der Familie Cioni, die sie seit 1975 besitzt! Zur passenden Jahreszeit natürlich, also im Herbst und im Winter. Man sollte sonst das Kaninchen mit Oliven und Pinienkernen probieren (das Buoinricordo-Gericht, zu dem man den Teller geschenkt bekommt – aber nicht nur deshalb!) oder das Zicklein aus dem Backofen, das Rindsgulasch mit *Fave*, bei dem der leicht bittere Geschmack der Saubohnen besonders fein herauskommt. Übrigens: Wer sich's mit Carlo Cioni nicht verderben will, darf zur hausgemachte Pasta keinen Parmesan bestellen...

Im Sommer wird nur auf der Terrasse mit ihrem großartigen Blick auf die Medici-Jagdvilla von Artimino und auf die Reb- und Olivenhügel von Carmignano ringsum serviert, während der kühlen Jahreszeit zieht man sich in den kleinen, sehr gemütlichen Raum mit einem Backsteintonnengewölbe oder in den mit Holzbalkendecken zurück. Und schon vom Eingang schaut man auf die offene Feuerstelle der Küche, aus der unwiderstehliche Düfte strömen.

4
La Tenda Rossa

Karte: E 5
Piazza del Monumento 9/14
50020 Cerbaia Val di Pesa (FI)
Tel. 055 826132
Mo 20–23/24, Di–Sa 13–15,
20–23/24 Uhr
Kreditkarten: alle
Preiskategorie: teuer

Anfahrt: Cerbaia liegt südlich von Scandicci zwischen den Superstrade Florenz – Siena (Ausfahrt San Casciano Val di Pesa) und Florenz – Empoli (Ausfahrt Ginestra).

Vergebliche Suche nach einer *Tenda rossa*, nach einer roten Markise – es ist eine naturweiße, die die klimatisierten Räume des feinen Restaurants vor allzu starker Sonneneinstrahlung schützt. Fein wäre fast untertrieben für dieses vielleicht schönste Restaurant in der ländlichen Toscana – ohne dass es dadurch steif wirken würde. Dafür sorgt schon die allgegenwärtige Großfamilie und allen voran die zauberhaft unkomplizierte Natascia, die Tochter eines der drei Familienzweige, die sich hier 1972 zusammengetan haben, um ihr gemeinsames Abenteuer zu bestehen, sich in der Kochkunst immer höher zu arbeiten. Der Name »La Tenda Rossa« kommt nämlich von einem berühmten italienischen Abenteuerfilm, in dem ein rotes Zelt sozusagen die Titelrolle spielte.

Direktor und Sommelier ist Silvano Santandrea, erster Chef seine Frau Maria Salcuni, Tochter Natascia ist nicht nur Empfangsdame, sondern ebenfalls Sommelier, Sohn Cristian Küchenchef. Weiter geht es mit den beiden Brüdern Marias, Antonio und Michele Salcuni, jeweils mit Frau und Tochter – insgesamt also zehn Familienmitglieder, die das fantastische Restaurant führen, dessen Weinkeller mit 600 Etiketten höchstens noch von dem der Pinchiorris in Florenz über-

Die Mannschaft kann wahrlich stolz sein auf ihre Perfektion und Freundlichkeit

troffen werden könnte. Eine besondere Leidenschaft pflegt Bruder Antonio, der in seinem Garten Kräuter und Gemüse zieht und außerdem mit Käse experimentiert.

Beim Empfang hat man das Gefühl, in einen Salon mit einer erlesenen Flaschensammlung (Whisky und Grappa vor allem) zu gelangen, geht in die eigentlichen Speiseraum, der mit nur sieben oder acht Tischen, durch riesige Blumenarrangements und halbhohe Wände in kleine Gruppen getrennt, höchstens 30 Personen Platz bietet. Man will sich schließlich richtig um seine Gäste kümmern – zwei Michelin-Sterne kommen nicht von ungefähr... Auf den Tischen breiten sich kleine Bronze-Akte eines Freundes der Familie, Wilfredo Garanzati aus, der für sie jährlich ein neues Bild für den Empfang malt – Thema: La Tenda Rossa. Was auf den Tisch kommt, stammt von den besten Produzenten hauptsächlich aus der Toscana und bleibt, auf jeden Fall, saisonabhängig, auch fast schon ein Kunstwerk: ob Fleisch von Falorni, vor allem die besonderen Schweine der *Cinta senese* oder Pecorino von den Cugusi und Caprini, Ziegenkäse aus dem Mugello, der Empfangssekt von Bellavista aus der Franciacorta, die Täubchen aus einer speziellen Zucht der toscanischen Rasse, aber aus dem piemontesischen Vercelli. Denn, darauf wird beim täglich neu zusammen gestellten Menü besonders geachtet: Man soll schmecken, dass man in der Toscana ist. Etwa bei der typisch toscanischen Tomaten-Brot-Suppe, wenn man sie banal erklären will, der *Pappa al pomodoro*, die hier obenauf ein paar winzige, kross ausgebackene Calamari bekommt; beim schwarzen Raviolo mit einer Füllung aus Schweinefleisch der *Cinta senese* und einer Rape-Mousse (aus Winter-Broccoli) mit Lamellen von Gänsestopfleber. Bei den Secondi sind Fisch und Fleisch gleichberechtigt vertreten, die Fischspezialitäten lehnen sich an die livornesischen an und richten sich nach dem Tagesfang, beim Fleisch fehlt natürlich die *Bistecca fiorentina* nicht. Doch wer sonst bietet ein Chianina-Filet in Olivenkruste zu Bohnenpüree und Olivenöl aus San Casciano an oder eine *Tagliata* von Täubchenbrust in Portweinsoße mit schwarzem Trüffel und Gänsestopfleber?

Der *Pecorino di fossa*, weil recht kräftig, wird mit einer hausgemachten Feigenkonfitüre serviert – und die *Dolci* gibt es warm oder kalt, jedenfalls immer hausgemacht. Wie wäre es mit einer Apfel-*Crostata* in Mandelteig mit Calvados-Eis oder mit einem zarten Amaretto-Soufflé mit Mandelmilchcreme – dazu ein passender Dessertwein?

Stilvoll sind hier nicht nur die Tische gedeckt – hier stimmt einfach alles

5
La Cantinetta del Nonno

Karte: E 5
Via 4 Novembre 18
50026 San Casciano Val di Pesa (FI)
Tel. 055 820570
Do–Di 12–14, 19–22/23 Uhr
Kreditkarten: keine
Preiskategorie: günstig

Mitten in der Fußgängerzone von San Casciano Val di Pesa verweist nur ein winziges Schild auf das Lokal. Es nennt sich selber Minienoteca und Miniristorante, was hundertprozentig stimmt; aber man darf den Laden, Alimentari e Mescita, nicht vergessen. Übersetzt heißt das: Lebensmittel und dazu Spezialitäten: Wurst und Schinken, Käse und Olivenöl – und eben Wein. Den kann man noch immer, wie es die Einheimischen ab 18 Uhr tun, am langen Marmortisch glasweise trinken oder der Verkaufstheke gegenüber an den kleinen Holztischen. Wer echt toscanisch speisen möchte, geht, an der Küche vorbei, nach hinten in den bescheidenen Essraum, der im Sommer durch eine kleine Terrasse erweitert wird.

Seit Dezember 1997 führen die drei Freunde (Gianni Traversini, Roberto Aciai und Giuseppe Casu), die gemeinsam bereits in Florenz im berühmt-feinen »Caffè Gigli« gearbeitet hatten, die Cantinetta. Hier haben sie sich einen Traum verwirklicht. Vor allem, weil Roberto so gut kocht. Und zwar die richtigen alten toscanischen Rezepte. Etwa Rücken- und Rippenstücke oder Ossobuco, die in der allgemein als toscanisch bezeichneten, an

Einfach, traditionell, gut: La Cantinetta del Nonno

sich fast höfischen Küche sonst keine Freunde finden. Aber die einfache toscanische Küche, die *Cucina povera*, variierte von Dorf zu Dorf, von Haus zu Haus. Jede Hausfrau hatte ihr Rezept, das sie für das einzig Wahre hielt. Und Roberto? »Natürlich koche auch ich nach dem einzig wahren Rezept« sagt er und freut sich diebisch. Für die *Sughi* braucht er jeweils drei bis vier Stunden langsamen Köchelns, drei Stunden für den *Reposo*, eine Art Rindsgulasch mit »molto, molto pepe« (köstlich, aber schön scharf!). Etwas schneller gart die *Spuntatura di maiale alle verze*, die sich als Spareribbs mit Kraut entpuppt. Roberto freut sich, wenn Stammgäste kommen und die Nase ungeniert schnuppernd hoch halten – »hmm, heute gibt es wohl Täubchen in Chianti«. So hätte man sich doch früher zu Hause gefühlt, wenn Mamma kochte, und so soll es in der Cantinetta bleiben!

Osteria del Vicario

Karte: D 6
Via Rivellino 3/Certaldo Alto
50052 Certaldo (FI)
Tel. 0571 668228 und 0571 668676
Do–Di 12.30–15, 19.30–23/24 Uhr
Kredikarten: alle gängigen
Preiskategorie: teuer

Direkt neben dem Palazzo Pretorio mit seiner sehenswerten, von Wappen geschmückten Fassade und seinen interessanten Sammlungen im Inneren steht die Osteria del Vicario. ›Alten Hasen‹ in Sachen Toscana dürfte sie noch als kleine nette Pension mit einem entzückenden Restaurant rings um den kleinen Innenhof in Erinnerung sein – jetzt weht hier ein ganz anderer, nicht minder sympathischer Wind: Die fünf Zimmer im Haus sind aufgemöbelt, doch am wichtigsten ist die Umstellung der Philosophie des Restaurants mit seinen noch immer zauberhaften Räumlichkeiten, ob der kleine Speiseraum gleich rechts vom Eingang oder der Teil hinter der Rezeption, der einem schmalen Wintergarten ähnelt – oder, die Sommervariante, der Innenhof mitsamt der von einer Pergola überschatteten Panoramaterrasse. Jetzt wird hier innovativ-toscanisch gekocht. Zwei Industriellen-Kinder aus Certaldo, Sara und Claudio Borchi, haben nicht nur das nötige Kleingeld für einen Neubeginn gehabt, sondern offensichtlich auch das richtige Händchen.

Die Küche ist zwar toscanisch geblieben, doch fantasievoll verändert oder bereichert. Küchenchef Enzo Pette bevorzugt kostbare Fleisch- und Fischsorten wie Wildgeflügel und Wildschwein, Scampi und Königskrabben für die Vorspeisen; besonders fein: Lachs-Tartar auf Zitronencarpaccio. Nur die frischesten Salate der Saison kommen auf den Teller, auch als Begleiter für den feinen toscanischen Aufschnitt. Die *Pennette alla salsa del Boccaccio* verbeugen sich vor dem großen toscanischen Dichter mit einer Soße aus Steinpilzen, Spinat und Trüffel. Für die *Tagliolini con cozze e bottarga* wird der kräftig schmeckende, aus Sardinien stammende italienische Kaviar verwendet und bei den *Gnocchetti di patate con triglie di scoglio e olive nere* junge Rotbarben aus Livorno. Zu Enzos Lieblings-Secondi gehört neben drei oder vier verschiedenen Fischgerichten und der unerlässlichen *Bistecca fiorentina* ein *Petto d´anatra con fegato d´oca e mele alle nocciole* aus zarter Entenbrust und Gänseleber.

Fast wie früher sieht der zauberhafte Garten des Vicario aus

L'Antica Trattoria

7

Karte: E 6
Piazza Arnolfo 23
53034 Colle Val d'Elsa (SI)
Tel. 0577 923747
Mi–Mo 12.30–15, 19.30–23/24 Uhr
Kreditkarten: alle gängigen
Preiskategorie: gehoben

Die Trattoria am Hauptplatz der quirligen Unterstadt nennt sich zu Recht *Antica*, also historisch, denn sie bestand bereits vor mehr als 100 Jahren und war sogar Schauplatz eines beliebten italienischen Filmes (»La Ragazza di Bube«) mit Claudia Cardinale in der Hauptrolle. Die Räumlichkeiten durften im denkmalgeschützten Palazzo aus dem 17. Jh. nicht verändert werden, als Luciana und Enrico Paradisi 1984 das Lokal unter dem Bogengang übernahmen, das aus drei engen Stockwerken besteht: In den Kellergewölben hat Enrico seine Cantina mit einer perfekten Weinauswahl eingerichtet, im Erdgeschoss liegt hinten die Küche, vorne zur Piazza finden wenige Gäste in zwei kleinen Räumen rechts vom freundlichen Entrée in einem im Liberty-Stil holzgetäfelten Raum mit nur zwei Tischen, einem runden und einem ovalen, sowie links in einem schlichteren Zimmer mit nur vier Tischchen für acht Personen Platz; etwas mehr Gäste können im Obergeschoss, dem niedrigeren und zweigeteilten Mezzanin unterkommen. Im Sommer bleibt aber die Terrasse erste Wahl.

Die Atmosphäre bei klassischer Musik ist gepflegt, die Speisekarten sind handgeschrieben, die Stühle sorgfältig ausgesucht und gepolstert, die Tische fein und einladend gedeckt, die Teller z.T. von immenser Größe. Und bei den Weinen gibt es sowohl halbe Flaschen als auch Magnum, »weil sich darin das Bukett besser entwickeln kann«, so Enrico Paradisi. In einer Hotelfachschule und den besten Hotels Europas geschult, Maître und Sommelier zugleich, wird Enrico von seiner Tochter Cristiana assistiert.

Enrico, Chef der Antica Trattoria, schwört auf Professionalität

Und Ehefrau Luciana zaubert eine toscanisch-innovative Küche.

Der Vorspeisenteller besteht aus einem Mini-Crostino und einer Mini-Bruschetta und einer großen Auswahl toscanischer Wurst und Schinken sowie *Sopressata*, dem echt toscanischen Presssack. Schon perfekt mit *Olio crudo* und frischem Pfeffer aus der Mühle kommt etwa die nicht allzu dicke *Ribollita* auf den Tisch, das gefüllte *Piccione* (Täubchen) ist mit hauchdünnem *Lardo* (weißem Speck) umhüllt und schmeckt ordentlich nach Pfeffer und Wacholderbeeren, dazu Schalotten mit Pinien und Rosinen sowie grünem Spargel und als Minisalat angerichtete grüne Bohnen. – Für den recht hohen Coperto-Preis gibt es ständig frisch gebackene, fantasievolle Brötchen.

8
La Cantinetta di Rignana

Karte: E 6
Località Rignana
50022 Greve in Chianti (FI)
Tel. 055 852601
Mi–Mo 12.30–14.30/15,
17.30–23/24 Uhr
Kreditkarten: alle gängigen
Preiskategorie: moderat bis gehoben

Anfahrt: Von Greve in Chianti der Beschilderung nach Montefioralle folgen, vor dessen Castello (Ampel!) es weiter durch eine herrliche Chianti-Landschaft nach Rignana geht; das letzte Stück zum Weingut Rignana ist über eine ca. 2 km lange Strada bianca erreichbar.

Das urige Restaurant mit traumhaft schöner, großer Terrasse, deren Kletterpflanzen der Chianti-Landschaft als ›Bildrahmen‹ dienen, wurde in der früheren Ölmühle des Landgutes eingerichtet. Dieses soll bereits im 10. Jh. bestanden haben und gehörte zuletzt dem Bischof Scipione de´ Ricci, dessen Wappen einen Igel trug – das Markenzeichen des Weingutes und des kleinen Lokals auf zwei Etagen. Die Natursteinmauern sind geblieben, ebenso die dicken Deckenbalken, die oberen Tische tragen bäuerliche rote Decken mit Papiersets und großen weißen Stoffservietten, als Dekoration dienen ein alter Pasta-Verkaufsschrank, Bilder und Karikaturen. Die unteren Holztische sind nur mit den Papiersets gedeckt, vermitteln noch mehr das Gefühl einer Landtrattoria.

Aber das Schönste an der Cantinetta di Rignana ist ohnehin die Terrasse mit ihren langen Tischen. Sie gehört dazu wie das Original des Hauses, der bärtige und wohl beleibte Vater Paolo, der sich um den Holzgrill kümmert; *alla brace* ist nämlich das Zauberwort hier inmitten des Chianti, ob die berühmte, mindestens 1,5 kg schwere *Bistecca fiorentina*, eine *Tagliata al tartufo*, ein dickes, $^1/_2$ kg schweres Kotelett vom Schwein, Kaninchen oder einfach Hähnchen oder *Melanzane*, grillte Auberginen-Scheiben. Ehefrau Fiorella Abbarchini steht der Küche vor, in der auch Tochter Maria, die *Dolci*-Spezialistin (köstlich: der Apfel- und der Birnenkuchen), und Sohn Francesco arbeiten; Marias Ehemann Stefano versteht sich selber als Mädchen für alles und kann auch alles, sogar die schöne Ecke am Eingang des Lokals mit Pecorino und Wein, Obst und Gemüse dekorieren.

Hier trifft man oft besonders ausgelassene Gäste

9
L´Osteria –
Rifugio del Chianti

Karte: F 6
Località Badiaccia a Montemuro
53017 Radda in Chianti (SI)
Tel. 0577 738036
Mo 8.30–16, Di–So 8.30–ca. 23 Uhr
Kreditkarten: keine
Preiskategorie: günstig

Anfahrt: Von Radda in Chianti Richtung Montevarchi, dann an der ersten Gabelung links Richtung Castello d´Albola abbiegen, eine wunderschöne Strecke am Parco di Cavriglia vorbei fahren bis ins kleine Nest Badiaccia a Montemuro.

Zu Füßen des knapp 900 m hohen Monte San Michele mit seinem dunklen Grün liegt knapp 200 m tiefer das winzige Badiaccia. Der Kirche gegenüber steht ein niedriges Haus mit Lebensmittelladen und Osteria in einem. Die gibt es schon seit mehr als 100 Jahren, und mit den neuen Wirtsleuten soll sich nicht viel ändern. Schließlich kommen die meisten Gäste aus der unmittelbaren Umgebung, oder sind Ausflügler, die mit Kind und Kegel den naturnahen Zoo von Cavriglia besuchen.

Wer aus dem Dorf frisches Brot braucht, kauft es ebenso im winzigen Laden wie Wurst, Schinken und Käse. Und trinkt vielleicht dazu einen *Caffè* oder ein Gläschen Wein. Hungrige Wanderer oder Durchreisende bekommen eine *Merenda* oder einfach nur frisch auf Wunsch belegte Panini. Doch wer echte toscanische Hausmannskost ohne Schnörkel genießen

Claudia und Moira vor ihrer winzigen Osteria

möchte, kann sich im kleinen Speisezimmer hinter dem Laden an einen der mit Wachstuch und Papier gedeckten Tische setzen, im Sommer auch draußen im Garten, der über das Sträßchen hinweg erweitert wurde. Man speist ohne Coperto oder andere Zusatzkosten. Mittags und abends gleichermaßen gut, besonders gut aber an Wochenenden und Feiertagen, wenn Mamma Marcella ihre frische Pasta selber macht. Babbo Raffaele Pisacane, der Vater, springt in der Not überall ein, die beiden Töchter Claudia und Moira kümmern sich um die Gäste, servieren zum Essen den guten Hauswein aus Gaiole, der zwar in Flaschen auf den Tisch kommt, aber bezahlt wird nach Verbrauch. – Eine echte Osteria, wie es nicht mehr viele gibt, auch oder gerade im Chianti nicht mehr!

10
Il Pestello

Karte: E 6
Località Sant´Antonio
53011 Castellina in Chianti (SI)
Tel. 0577 740215
Do–Di 12.30–14, 19.30–21.30 Uhr,
Bar 9–24 Uhr
Kreditkarten: alle außer Diners Club
Preiskategorie: moderat

Anfahrt: 6 km westlich von Castellina in Chianti, direkt an der Durchgangsstraße SS 429.

Das Pestello mit seinen rohen Steinwänden, Holzbalkendecken und Cottoböden ist seit Jahrzehnten eine Institution, deren Gäste nur eines erwarten: handfeste, traditionelle ländliche Küche. So dreht sich hier alles um den großen Holzkohlengrill. Die betagte Mamma Teresa ist dort die Fachfrau, wo sonst im Chianti die Arbeit eher Männern überlassen wird.

Drei Räume, durch hohe Rundbögen von einander getrennt, oben ein Saal für größere Gesellschaften, und draußen vor der Tür eine erhöhte Veranda. Man sollte meinen, dass man im Pestello bei so viel Platz immer einen freien Tisch fände – mitnichten an Wochenenden oder Feiertagen! Denn die Parole lautet wie eh und je: »Se mangia bene e se paga poco« – man ißt gut und zahlt wenig; auch wenn es, wegen der großen Portionen durchaus gerechtfertigt, inzwischen ein wenig mehr ist, was man für ein ausführliches Essen zahlen muss. Allemal für die Gerichte *alla brace*, vom Grill, wie, saisonbedingt, Wildschwein und Steinpilze, *Tagliata al tartufo* oder *al porcino*, Täubchen oder Perlhuhn – aber auch für die arbeitsintensiven Schmorgerichte wie *Cinghiale alla cacciatore* und *Coniglio in umido*. – Für den Nachtisch hat da kaum ein Durchreisender mehr Platz, Italiener lassen sich´s aber nicht nehmen, wenigstens ein paar Cantucci in Vinsanto zu tauchen…

Herzstück des Pestello ist von Anfang an der große Holzfeuergrill gewesen

11
Albergaccio di Castellina

Karte: E 6
Via Fiorentina 63
53011 Castellina in Chianti (SI)
Tel. 0577 741042
Mo 13–15, 20–23, Di–Do 13–15,
Fr–Sa 13–15, 20–23/24 Uhr
Kreditkarten: alle gängigen
Preiskategorie: gehoben

Die früheren Besitzer des »Pestello« (s. S. 111) sind an den Ortsrand von Castellina in Chianti gezogen, weil sie sich in der alten, urigen Trattoria nicht so entfalten konnten, wie es Sonia Visman gerne wollte – und es gleich mit Bravour schaffte: Die Leute von Castellina sollen ruhig sagen, dass man jetzt für weniger Essen mehr ausgeben müsste im neuen Lokal. Dafür gibt es für weniger Gäste mehr Qualität – in der Kochkunst, in der Weinberatung und im Service überhaupt, für die Ehemann Francesco Cacciatori zuständig ist. 1999 wieder Umzug ins Nachbarhaus: Die Gemütlichkeit der rohen Steinwände hat allein schon durch die zwei Ebenen mit dem großen offenen Dachstuhl gewonnen, Fenster mit weißen Spitzengardinen, die Einrichtung bescheiden mit toskanischen Stühlen und ihren aus Stroh geflochtenen Sitzen.

Sonias Credo: »Il territorio in tavola« – das Land auf dem Tisch. Was hier wächst und gedeiht, verarbeitet sie als *Materia prima* – ein in der Toscana schon fast strapaziertes Wort für die Zutaten – nach ihren eigenen Ideen, aber doch mit Erhalt der alten Düfte.

Was der einladende Tisch verspricht, hält die Küche auf jeden Fall

Zu empfehlen wäre zumindest beim ersten Besuch: eines der beiden stets der Saison angepassten Menüs unter den Namen »Piaceri della tradizione« und »Piaceri del territorio tra tradizione es fantasia« – vor allem Letzteres verrät, worum es hier im gemütlichen Albergaccio wirklich geht: Um die Entfaltung der Fantasie, ohne die Tradition zu verletzen. Etwa ein kleines Omelett mit März-Trüffel aus dem Chianti; hausgemachte Nudeln (wie alle Pasta des Restaurants) mit Wildspargel und Pinienkernen; gefüllte Teigtaschen mit Pecorino aus den Crete und Schinkenstreifen; mit Nelken gespicktes Täubchen in Marsala-Soße mit gemahlenen Senfkörnern und eingelegten, karamellisierten Feigen – einfach köstlich! Da könnte man fast auf die »Fantasia di dolce« zum Schluss verzichten, was ohne Frage eine Sünde wäre...

12
Badia a Coltibuono

Karte: F 6
Località Badia a Coltibuono
53013 Gaiole in Chianti (SI)
Tel. 0577 749424
tgl. 12.15–14.30 und 19.15–21.30 Uhr
Kreditkarten: Visa und Mastercard
Preiskategorie: moderat bis gehoben

Anfahrt: Von Radda kommend auf der SS 429 Richtung Montevarchi bis zur Abzweigung zur Badia, weiter ca. 1 km; oder von Gaiole auf der SS 408 Richtung Montevarchi bis zur Kreuzung mit der SS 429, diese ein Stück nach Westen fahren bis zur Abzweigung zur Badia.

Früher galt die Trattoria auf dem Gelände der Abtei aus dem 11. Jh. als ein zwar recht teurer, aber echter Geheimtip für eine gute ländliche Adresse mit vielen hausgemachten toscanischen Spezialitäten. Dann beschloss 1993 die Besitzerin aus dem neapolitanischen und einzig noch lebenden Zweig der Medici, die als Kochbuchautorin bekannte Lorenza de' Medici, die Trattoria in Eigenregie zu übernehmen. Sie überließ das nun völlig umgestaltete und ausgebaute Lokal ihrem Sohn Paolo Stucchi.

Vom Kochen versteht Paolo wenig, um so mehr vom guten Essen und Trinken sowie Organisieren von großen Festen und Attraktionen, die nicht nur Zufalls-Ausflügler in die Trattoria der Badia locken. So etwa das monatlich wechselnde Degustationsmenü, jeder Gang mit dem dazu passenden Wein, im dafür recht moderaten Preis von 80 000 ITL inbegriffen; keine Frage, dass die meisten Weine vom eigenen Landgut der Medici Stucchi stammen! Ein weiterer Einfall, den viele Chianti-Reisende zu schätzen wissen, ist das preiswerte »Menù Bistrot«, das es Mai bis Oktober ca. ab 14.30 bis 19 Uhr gibt, im süddeutschen Raum würde man das Vesperkarte nennen: Chianti-Aufschnitt, Ziegen- und Schafskäse-Platte, gemischten Salat mit Pecorino und Croutons. Oder schöne Sandwiches, hausgemachte Kuchen und Eis. Apropos hausgemacht: alles Teigige und Süße ist es. Und die Teller mit nicht immer nur toscanischen Gerichten sind sehr appetitlich angerichtet.

Man sitzt schön in den alten, umgestalteten Steingewölben oder im neuen verglasten Anbau, am schönsten aber während der warmen Jahreszeit unter der schattigen Pergola oder im Garten mit Talblick.

Zwischen Tradition und Kreativität im Coltibuono: Wildschwein mit Polenta

13
Il Pozzo

Karte: E 6
Piazza Roma 2
53035 Monteriggioni (SI)
Tel. 0577 304127
Di–Sa 13–15, 20–23/24, So 13–15
Uhr
Kreditkarten: alle gängigen
Preiskategorie: gehoben

Direkt an der scheinbar viel zu großen Piazza des Festungsortes Monteriggioni steht vor dem Brunnen das »Pozzo«, eine Institution in Sachen perfekter Chianti-Küche. Schon 1969 haben Lucia und Vittore Franci im umgebauten Stall eines einfachen niedrigen Bauernhauses die Trattoria eröffnet, voller Idealismus, den zumindest die Nonna, wie sich die jugendliche Lucia selber kokettierend nennt, nicht verloren hat. Schon morgens um 8 Uhr bereitet sie die frische Pasta vor, die diversen Braten und Kuchen für die Naschkatzen unter den Gästen. Sehr viel Gemüse müssen ihre vier Küchenhilfen putzen und Unmengen diverser Salate – nicht unbedingt überall in der Toscana zu finden. Ein großer Tisch ist der Dekoration mit Pecorino und Obst, Wein und Gebäck vorbehalten, der ebenfalls Frische signalisiert und natürlich Sehnsüchte weckt. Er steht im ersten, dem größeren der beiden gemütlichen Räume mit seinen drei hohen Cottobögen.

Verfeinerte toscanische Küche hört Lucia eigentlich ungern – eher meint sie, dass sie die traditionelle, sowohl arme als auch feine, also aus dem Höfischen abgeleitete Küche einfach perfekt und mit dem nötigen Zeit-

Die jugendliche ›Nonna‹ Lucia ist immer gut gelaunt

aufwand zubereitet. Etwa die Fülle für die hausgemachten großen Tortellini: aus Hähnchen, Schweine- und Kalbfleisch mit Wurstmasse gemischt, alles vorher angebraten und durch den Fleischwolf gedreht, mit Ei gebunden und mit Muskatnuss und Parmesan abgeschmeckt. Oder die Wildschwein-Soße für die Pappardelle: das Fleisch mit Zwiebeln, Knoblauch, Sellerie und Rosmarin kräftig angebraten, mit Rotwein abgelöscht, bis er verdunstet ist – die Hälfte der Fleischstücke werden ganz gelassen für das süßsaure Wildschweingericht, das mit Bitterkakao, Zucker und Weinessig sowie Pinien und Rosinen weiterverarbeitet wird – die andere Hälfte wird durch den Fleischwolf gedreht und muss noch lange weiter köcheln zum *Concentrato* als Soße.

Antica Trattoria Papei

14

Karte: E 7
Piazza del Mercato 6
53100 Siena
Tel. 0577 280894
Di–So 12–15, 19–23/24 Uhr
Kreditkarten: alle wichtigen
Preiskategorie: günstig

Mutter Guiliana steht schon seit 1969 am Herd ihres Papei

Eigentlich haben die großen Städte der Toscana nichts in dieser Auswahl zu suchen. Aber diese echt gebliebene Trattoria, die so sehr im Herzen Sienas und doch an ihrem Rande steht – so ein Lokal hat es verdient, eine Sonderstellung einzunehmen. Vor allem deshalb, weil die meisten der Sieneser Restaurants entweder dem Virus der Überheblichkeit vor lauter Gästen aus der ›Toscana-Fraktion‹ verfallen sind oder von vornherein auf den schnellen Tourismus geeicht wurden. Sie sind hübsch anzuschauen, doch gekocht wird, wenn auch schmackhaft, für die Masse.

Im guten alten Papei mit seinen beiden kleinen gemütlichen Räumen rechts und links der Küche sowie dem niedrigen Raum über dem rechten Teil ist noch alles in Ordnung. Natürlich wird es auch hier während der Saison hektisch, vor allem dann, wenn auch noch draußen auf dem Platz serviert wird zwischen Lokal und der alten Markthalle, die nur noch dienstags und freitags den Fischhändlern Raum bietet. Aber das Papei ist Familienbetrieb geblieben, Mutter Giuliana steht mittags wie abends seit dem 6. Juli 1969 (»ich vergesse es niemals!«) vor den Herdflammen, nachdem sie morgens die frische Pasta zubereitet hat unter der Assistenz ihres Sohnes Mario. Sohn Roberto ist für den Service zuständig, der flott, freundlich, aber nicht überkandidelt ist; die Frauen der beiden Brüder helfen ihm dabei. Das Erste, was man beim Betreten des Lokals sieht, ist die Küche hinter Glas – man hat hier nichts zu verbergen.

Ganz besonders lecker sind die *Pici alla cardinale*, die handgerollten toscanischen Nudeln, mit einer dicken Soße aus Tomaten und reichlich Knoblauch, Petersilie und Peperoncino und – man kann es aber weglassen – mit Schweinefleisch. Bei den Secondi hat man die Wahl zwischen Grill- und Ofengerichten, lauter toscanischen Fleischspezialitäten, die es teilweise woanders aber nur noch selten gibt, wie weiße Bohnen mit Schweinswurst oder Fasan mit Pinienkernen und Rosinen oder Ossobuchi. Das Gleiche gilt noch – Sprung zurück zu den Vorspeisen – für die echten ›schwarzen‹ Crostini mit Milzaufstrich – sonst meist Leberpaste!

Übrigens – eine Seltenheit in Siena: Einer der Trattoria-Räume und die Toilette sind behindertengerecht ausgestattet, man darf mit Behindertenausweis bis an das Lokal heran fahren.

Restaurants/Casentino und Val di Chiana bis Montalcino

15
Locanda al Castello di Sorci

Karte: H 6
Località San Lorenzo/Sorci
52031 Anghiari (AR)
Tel. 0575 789066
Di–So 12.30–14.30, 19.30–22/23 Uhr
Kreditkarten: alle gängigen
Preiskategorie: günstig (festes Menü)

Anfahrt: Von der SS 73 Arezzo – Sansepolcro links Richtung Anghiari abzweigen und bald wieder links den Hinweisen zum Castello folgen.

Das große Steinhaus der Locanda mit den beiden Loggia-Reihen und Blick auf das altertümlich wirkende Castello

Hort der bäuerlichen toscanischen Küche: die Locanda des Castello di Sorci

di Sorci aus dem beginnenden 11. Jh., das sich im Privatbesitz von Gabriela und Primetto Barelli befindet, ist weit über die toscanischen Grenzen hinaus bekannt. Wegen seiner urgemütlichen Atmosphäre und seines Menüs zu einem soliden Festpreis. Vor allem aber wegen seiner riesigen Portionen und seiner dottergelben Tagliatelle, die von fleißigen Frauenhänden täglich in Unmengen frisch zubereitet werden. Denn die Barelli haben sich von Anfang an auf die Erhaltung und Pflege der traditionellen *Cucina povera della Toscana* verlegt.

Das Schlemmen beginnt mit einem deftigen Antipasto, bestehend aus Crostini mit Leberpaste und mit Tomaten belegten Bruschette sowie ordentlich viel toscanischem Aufschnitt. Gefolgt vom traditionellen Pasta-Gang mit kräftiger Fleischsoße und dann dem zweiten, wechselnden Primo: Dienstags gibt es *Tagliolini con fagioli* (Nudeln mit Bohnen), mittwochs *Quadrucci con ceci* (kleine Teigquadrate mit Kichenerbsen), donnerstags *Gnocchi* (Kartoffelklößchen), freitags die berühmte *Ribollita* (aufwendige Gemüsesuppe auf altbackenem Brot), samstags *Farro, Polenta* oder *Risotto con funghi* (also Dinkel, Maisbrei oder Reis mit Pilzen), sonntags das gleiche wie samstags, nur angereichert durch eine würzige Pasta, die *Carrettiera*. Es folgt ein *Fritto misto*, ein gemischter Braten aus dem Ofen, der aus Schweinefleisch und Rind, aus deftig-würzigen Würsten und Hähnchenteilen, aus Kaninchen und Enten oder Gänsefleisch sein kann. Freitags gibt es ein *Baccalà*-Gericht, also Fisch. Den krönenden Abschluss bildet immer ein hausgemachter Kuchen, der *Torcolo*, den man in Vinsanto tunken muss; danach ein *Caffè*.

16
Da Ventura

Karte: H 5/6
*Via Aggiunti 30
52037 Sansepolcro (AR)
Tel. 0575 742560
So–Fr 12.30–14.30, 19.30–23/24 Uhr
Kreditkarten: alle gängigen
Preiskategorie: moderat*

Krachende Krusten sind im Da Ventura ein Qualitätsbeweis

Mitten in der Fußgängerzone der sehr hübschen Altstadt von Sansepolcro, dem stolzen Geburtsort des frühen Renaissancemalers Piero della Francesca, locken gegen Mittag die ersten Düfte aus dem Ventura, dessen niedrige Räume aus dem 13. Jh. stammen. Entgegen der sonstigen Gepflogenheit der meisten toscanischen Wirte wird hier nämlich das Fleisch nicht hauptsächlich über Holzkohlenglut gegrillt und das Gemüse geröstet oder frittiert, also Vieles erst zubereitet, wenn es der Gast bestellt hat, sondern alles vorgekocht und -gebraten. Hier kann Küchenchefin Maria Dora das Lokal verlassen, noch bevor die ersten Gäste zum Essen erscheinen.

Giuliano Tofanelli und seine Frau Elia führen das Lokal zusammen mit Sohn Marco und Schwiegertochter Mariangeli nach ihrem Konzept der ›Fertiggerichte‹, was keineswegs abwertend gemeint ist. Die Pasta-Soßen können vorbereitet werden, die Vorspeisen aus gegrilltem oder eingelegtem oder gedämpften Gemüse (auch Vegetarier werden hier glücklich!) ebenso wie die krossen Braten und die diversen Fleischsorten für den *Bollito misto*, die im beheizbaren Spezialwagen zu den Gästen direkt an den Tisch vorgefahren werden. Diese dürfen aussuchen, welches Stück sie haben wollen. »Wenn der Nachbar ein Stück *Stinco di maiale* (Schweinshaxe) oder Kalbshaxe vom Ganzen abgeschnitten bekommt und es kracht ganz kross – bekommt der Zuhörer nicht auch Lust darauf?« sinniert Giuliano und freut sich über das einverständliche Nicken und das offensichtliche und sprichwörtliche Zusammenlaufen des Wassers im Munde…

So wird alles vorgefahren – für jeden Gang steht mindestens ein (Verführungs-) Wagen zur Verfügung…. Giuliano: »Weil die Gäste auch mit den Augen essen!« – Die Weinkarte kann sich sehen lassen, vom preiswerten toscanischen Tischwein bis zu den Edeltropfen der Region ist viel Gutes darin zu entdecken. Und das Olivenöl: Es kommt von den eigenen Ölbäumen. – Müde gewordene finden im Obergeschoss ein paar freundliche Zwei-Sterne-Zimmer, »wie früher die Fuhrleute«, sagt Giuliano.

Relais Il Falconniere

17

Karte: G/H 7
Località San Martino 370
5200 Cortona (AR)
Tel. 0575 612616
Tgl., nur Nov.–März Di–So 20–23/24 Uhr
Kreditkarten: alle gängigen
Preiskategorie: teuer

Anfahrt: s. S. 72

So zauberhaft wie das Relais & Chateaux-Hotel und sein Besitzerpaar ist auch das kleine Restaurant im Untergeschoss der früheren Limonaia, die auf die windgeschützte Terrasse mit dem Pool schaut und an deren Ende – abends effektvoll angestrahlt – auf eine Marmorgestalt, die wunderbar hierher passt. Alles wirkt in diesem Falconiere einfach harmonisch, und das gilt auch für die Küche. Kein Wunder, schließlich hatte alles mit dem Restaurant begonnen, denn Silvia Baracchi stammt aus einer Wirtsfamilie. Wie so oft, aber hier eben ganz besonders fantasievoll verfeinert, gilt die größte Fürsorge den frischen einheimischen Zutaten. Und der Dekoration!

Der Küche steht seit vielen Jahren der Umbrer Michele Brogioni vor. Besonders im Frühjahr kann er zeigen, wie leicht die an sich bodenständige toscanische Küche sein kann. Etwa beim *Flan di cipolloti con scampetti e gamberi*, eine leichte Köstlichkeit mit Meeresfrüchten oder *Ricciolo di anguilla al profumo di alloro con insalatina campagnola*, wobei die Salate zum zarten Aal wirklich vom Feld kommen wie die würzige Wild-Rucola.

Köstlich munden die *Ignudi di ricotta*, die Ricotta-Brennessel-Klößchen mit Kräutern aus dem hoteleigenen Garten – und erst das Täubchen aus dem Kupfertöpfchen (*Tegame di piccione*) in Begleitung von frischen Artischocken in einer sämigen Soße aus Salbei und Wacholderbeeren, das fachmännisch am Tisch tranchiert wird! Oder das wunderbar zarte *Agnello al rosmarino* mit einer Soße aus ›süßem‹ Knoblauch und Spinat, garniert mit einer ganzen, ebenfalls gebackenen Knoblauchknolle.

Wo früher die Zitronen überwinterten, wird man heute kulinarisch verwöhnt

Die reiche Auswahl an einheimischen Käsesorten wird mit warmen, in Rosmarin eingelegten Birnen, Kastanienhonig, Auberginen-Marmelade (!) und warmem Nussbrot serviert. Das feine Brot wird täglich im Haus gebacken und überrascht Feinschmecker jeden Abend mit anderen Variationen. – Vegetarier finden eine eigene kleine Karte und fantasievolle Ei-Gerichte. Naschkatzen verführt man mit einer *Dolci*-Karte, auf der kalte ebenso wie lauwarme Köstlichkeiten zu finden sind. Schon für´s Auge ein Gedicht: das Reistörtchen mit nach Zimt duftender Orangensoße.

18
La Torre

Karte: F 9
53020 Abbazia di Monte Oliveto
Maggiore (SI)
Tel. 0577 707022
Mi–Mo 12.30–14.30/15 und
19.30–21.30 Uhr, Bar 8–23 Uhr
Kreditkarten: alle
Preiskategorie: günstig

Anfahrt: Von Siena über die Via Cassia SS 2 bis Buonconvento oder – schöner – die SS 438 durch die Crete nach Asciano, dann der Beschilderung nach Monte Oliveto Maggiore folgen.

Von der großartigen Abtei ganz zu schweigen, die man auf einer Toscana-Reise unbedingt auf dem Programm haben muss, sollte man sich auch genügend Zeit für eine genüßliche Pause nehmen – eben in La Torre. Der Name verrät´s schon: Die ländliche Trattoria befindet sich im Torturm der Abtei. Zwei Backsteingewölbe bilden den Gastraum mit Bar, doch während der warmen Jahreszeit sitzt man nur draußen auf der Terrasse und genießt echte toscanische Hausmannskost, die *Cucina casalinga;* denn nichts Anderes bietet Paola Giustarini seit 1964 ihren Gästen. Und so will auch Neffe Gianfranco, dem sie den Laden überlassen hat, weitermachen. Schließlich ist niemand so mit der Abtei verwurzelt wie diese Familie, die schon den Zweiten Weltkrieg hier verbracht hatte. Der Großvater war für die Gespanne des Abts verantwortlich, ein Onkel der Elektriker, eine Tante die Schneiderin – irgendwie hatten alle mit dem Klosterleben zu tun.

Dass die Pasta nicht hausgemacht sein kann, wenn man eine preiswerte Küche anbieten will, gibt Paola unumwunden zu, da legt sie lieber die Arbeitszeit in die feinen *Sughi*, die leckeren Soßen, die z.T. stundenlang köcheln müssen wie von Hasen oder Wildschwein, aber auch die ›einfache‹ Tomatensoße. Köstlich sind die Grillgerichte vom Holzfeuer, das an Wochenenden in einer separaten Freiluftküche mitsamt dem *Girarosto*, dem Drehspieß, Hochbetrieb hat.

Im Schatten des großartigen Klosters kann man im La Torre gut und preiswert speissen

19
La Romita

Karte: F 7/8
Via Umberto I 1444
53020 Montisi (SI)
Tel. 0577 845186
Do–Di 12.45–14.30/15 und
19.45–22.30 Uhr
Kreditkarten: alle gängigen
Preiskategorie: gehoben bis teuer

Die Wirtsleute der Romita verstehen wahrlich ihr Handwerk

Anfahrt: Von Asciano über die Crete kommend, an Monte Oliveto Maggiore vorbei und in San Giovanni d´Asso nach Osten abbiegen, nach 7 km ist Montisi erreicht; von Sinalunga über Trequanda nach Montisi (insgesamt ca. 11 km).

Das Auto- oder Radbummeln zwischen Crete und Val di Chiana ist allein schon die Investition eines Tages wert, die Einkehr in der Romita mitten im kleinen Montisi aber könnte einen Höhepunkt des Tages wenn nicht gar der Reise bedeuten. Denn mag Carlo Alberto Bindi, der Vieles auf dem 80 Hektar großen biologischen Landgut selber produziert wie Getreide und Olivenöl (eigene Presse!), etwas abgehoben über die echte, ursprüngliche toscanische Küche und die *Materia prima* reden – was Ehefrau Giovanna Calandra in ihrer kleinen Küche daraus zaubert gehört zum Besten, was die Toscana zu bieten hat.

Das »Menù leggero« für 50 000 LIT, besteht aus einem *Antipasto di fattore*, drei Primi und einem *Dolce*, das »Menù di campagna« zuzüglich zwei Secondi und Käse kommt schon auf 100 000 LIT – Service und Getränke exklusive. Für den Service im kleinen Restaurant mit seinen beiden sehr gemütlichen Räumen, die Puppenstuben gleichen, zahlt man zehn, für den Service im angenehmen Garten 15 Prozent. Alles also recht hochpreisig, aber für eine traditionelle und doch innovative Küche vom Besten. Etwa die *Zuppa del Vescovo Tarlati* aus Fasan, Wildtäubchen und recht orientalisch schmeckenden Gewürzen wie Kreuzkümmel. Oder die *Pizzichelle* aus der sogenannten armen Küche: Brotknödel mit reichlich Wildkräutern, mit Butter und Salbei angerichtet, und die *Insalata di farro*, ein Dinkelsalat mit Gartengemüse und aromatischen Kräutern, kräftig gewürzt und mit Olivenöl der Romita sowie reifem Pecorino angemacht. Köstlich die *Coda di bue rinascimentale*, der Ochsenschwanz in Tomatensoße mit Trauben, Pinienkernen und starken Gewürzen – oder *Anatra in porchetta*, die eingewickelte Entenbrust in Lavendelsoße. Übrigens: So reiche Antipasti-Teller wie in der »Romita« bekommt man in der Toscana selten vorgesetzt! Und wenn Giovanna Calandra immer wieder zu hohen Terracotta-Töpfen huscht: Sie zupft dort für jedes Essen die Kräuter frisch ab!

20
La Chiusa

Karte: G 8
Via della Madonnina 88
53040 Montefollónico (SI)
Tel. 0577 669668
Mi–Mo 13–15, 20–23 Uhr
Kreditkarten: alle gängigen
Preiskategorie: teuer

Unterhalb der Festungsmauer des kleinen Wehrdorfes Montefollónico hat sich bereits seit Jahrzehnten aus der einstigen Fattoria mit eigener Olivenöl- und Weinproduktion, dem Landgut La Chiusa, eines der feinsten Restaurants der Toscana entwickelt, das nach einigen Jahren Pause wieder mit einem Michelin-Stern glänzt. Nun hat man die Landwirtschaft aufgegeben, und Dania Masotti, eine zauberhafte Juristin, die schon lange lieber den Kochlöffel schwingt, konzentriert sich nur noch auf das ausgesprochene Feinschmecker-Restaurant. Das heißt, so ganz stimmt das nicht, denn sie hat außerdem die vielleicht schönsten Zimmer der Region so ausgebaut und dekoriert, Alt und Neu wunderbar kombiniert, dass man ganz lange darin verweilen möchte; am allerliebsten in den Suiten in der früheren Ölmühle (Nr. 110 mit den Mahlsteinen im Bad und Nr. 111 mit riesiger Badelandschaft, offener Kamin und gemütliche Sitzecke inbegriffen).

Doch erst die Küche! Anfängern empfiehlt sich das Degustations- oder das Menü Dania, wobei man sich bei der Auswahl der passenden Weine auf den Rat von Partner Lucherini verlassen kann. Ganz groß ist Danias Kunst bei den *Sformati*, das sind kleine Gemüse-Aufläufe, und bei den hausgemachten Paste, von denen sie in beiden Menüs jeweils drei verschiedene Variationen anbietet. Die *Pici*, die Spezialität der Val di Chiana und auch bei Dania sehr beliebt, werden von einer flinken *Pastaiola* vor dem Gast ausgerollt, viel dünner als sonst üblich – einfach um den Aufwand zu zeigen, den man dafür treibt... Als Secondi werden entweder in Wildkräutern marinertes Kalbfleisch und Milchlamm in Rosmarin-Olivenöl, oder beim Menü Dania Ente mit Wildfenchel aufgetischt. – Alles wunderbar dekoriert mit Danias Namenszug und einem Herzen, was sich auf den Tellern und den Servietten wiederholt.

Wenn hier die Pici am Tisch zubereitet werden, dann soll es Frische und Aufwand demonstrieren

Taverna di Moranda

21

Karte: G 8
Via di Mezzo 17
53020 Montichiello (SI)
Tel. 0578 755050
Di–So 12.30–14, 19.30–23 Uhr
Kreditkarten: die wichtigsten
Preiskategorie: moderat

Montichiello gehört zu den richtig gemütlichen, gut erhaltenen mittelalterlichen Festungsstädtchen der südöstlichen Toscana, unter Kennern seit Jahrzehnten ein Begriff wegen seines Teatro Povero, des ›Armen Theaters‹. Im Herzen Montichiellos gab es bereits in den 70er Jahren eine Trattoria namens »Taverna di Moranda«. 1993 wurde sie von den heutigen Besitzern übernommen. Klein ist das Lokal mit seinen beiden Gewölben (das große für Nichtraucher, das kleine im Entrée mit offenem Kamin) geblieben – wohin sollte es sich auch ausdehnen in den alten Strukturen? Dass Massimo Giani in der winzigen Küche so Köstliches »al momento« zaubern kann, grenzt ohnehin an ein Wunder. Seine französische Ehefrau Françoise, die das Italienische ebenso perfekt beherrscht wie die toscanischen Spezialitäten und Weine, sorgt für den Service – für mehr Personal wäre kein Platz...

Da Massimo in Pienza geboren wurde, pflegt er ganz bewusst die lokale Küche der Val di Chiana. Aus seinem eigenen Garten stammen zur Saison außer den Kräutern einiges Gemüse und der junge Knoblauch; die *Pasta fresca* produziert für ihn Signora Franca aus Montichiello. Giani schwört auf sein kleines Menü, das »ich gut zu machen versuche«, sagt er mehr als bescheiden. Schweinefleisch, kräftig im Geschmack, stammt ebenso wie die *Salumi* von der *Cinta senese*, schwarz-weiß gestreiften Schweinen, die erst in den letzten Jahren wiederentdeckt wurden. Unbedingt probieren sollte man natürlich die *Pici* und die *Minestra di farro* (Dinkelsuppe), dann den *Piccione farcito* (gefülltes Täubchen), worauf man allerdings warten muss, denn, s. o., es wird alles frisch zubereitet – aber vorher gibt es ja andere Gänge!

Françoise ist übrigens für die *Dolci* verantwortlich. Schließlich die Weine: Massimos größte Investition liegt im Weinkeller; da lagern an die 90 Prozent toscanische Tropfen von gut bis hervorragend, zu erstaunlich moderaten Preisen. – Übrigens: Beim Coperto heißt es hier No!

Urgemütliche Atmosphäre und gute Küche: Taverna di Moranda

22
La Grotta

Karte: G 8
Località San Biagio 16
53045 Montepulciano (SI)
Tel. 0578 757479
Do–Di 12.30–14 und 19.30–22 Uhr
Kreditkarten: alle gängigen
Preiskategorie: gehoben

Anfahrt: San Biagio liegt 1 km westlich von Montepulciano, also Richtung Pienza, und ist gut ausgeschildert.

Auch wenn dem schönen Lokal mit seinen Backsteingewölben der herrliche Garten gekappt wurde – ein wenig von der großartigen Renaissancekirche San Biagio sieht man dennoch, wenn man einen der schattigen Gartenplätze erwischt hat. Aber auch die beiden relativ großen Gewölberäume mit ihren Kaminen, in denen im Winter das Feuer nicht auszugehen scheint, bieten gemütliche Plätze, Küche und freundlicher (polyglotter) Service lassen einen ohnehin fast die Umgebung vergessen. Giancarlo Mazzuoli hat den Betrieb vor Jahren seinem Sohn Davide überlassen, ohne sich aus dem Restaurant zurückgezogen zu haben, das er 1966 in der früheren Poststation vom Ende des 15. Jh. und der Schreinerei aus dem 19. Jh. als Pizzeria begonnen hatte. Erst 1985 machte er daraus ein richtiges Restaurant. Eines mit einer kreativen toskanischen Küche – was damals noch eher ungewöhnlich war.

So gehören Lammgerichte und gefülltes Täubchen in Vino Nobile aus Montepulciano zum Standardprogramm, die hausgemachte Pasta sowie unglaublich gute *Pici* (handgerollte Nudeln) natürlich auch, zu den kreativen Schöpfungen gehören die Crostini mit einer *Crema di Vinsanto* oder die dunklen Tagliatelle aus Buchweizen mit Spargel und Zucchini. Dafür ist Davides Schwester Cristina in der Küche verantwortlich, eine promovierte Wirtschaftswissenschaftlerin, die ihre Kochkunst bei der Mutter erlernt hatte, ihre ›rechte Hand‹: Pierette aus dem Bordeaux. So haben die *Dolci* unverkennbar einen Hang nach Frankreich, etwa die *Terrina di cioccolato amaro* mit Vanille-Soße oder das *Dolce di ricotta* mit Mokka-Soße.

Übrigens: Wenn von gehobenen Preisen die Rede ist, dann muss hier berücksichtigen, dass alle Secondi mit den passenden und im Preis inbegriffenen Beilagen serviert werden.

La Grotta in der alten Poststation

23
Poggio Antico

Karte: F 8
Località Poggio Antico
53024 Montalcino (SI)
Tel. 0577 849200
Außer So abend und Mo 13–14.30
und 20–22.30 Uhr
Kreditkarten: alle gängigen
Preiskategorie: gehoben bis teuer

Anfahrt: Von Montalcino kommend die Staubstraße nach Südwesten Richtung Grosseto fahren, nach 4 km links in die Zypressenallee zum Poggio Antico abbiegen.

Mag der Empfang in das vom Michelin zu Recht mit einem Stern bedachte Feinschmecker-Restaurant auf dem alten Landgut etwas unterkühlt wirken, beim Nähertreten wird man magisch von den großen Fenstern am Ende des lang gestreckten Hauptraumes und des kleinen Nebenzimmers links (da stehen die drei schönsten und gemütlichsten Tische!) angezogen. Denn sie rahmen eine südtoscanische Bilderbuch-Landschaft ein.

Die beiden Römer Patrizia und Roberto Minnetti, sie für den Saal, er für die Küche verantwortlich, haben sich hier im Schatten des berühmtesten Weinortes der Toscana eine neue Existenz geschaffen. Roberto ist erst seit 1980 Koch, nachdem er »das Verbrennen von Fleisch von der toscanischen Mutter gelernt hatte«, wie er etwas spitzbübisch die ur-toscanische Vorliebe für Gegrilltes nennt. Seine Philosophie: Die Düfte der Erde der Toscana spüren zu lassen, indem man mit besten Zutaten sehr sensibel umgeht. Um dies seinen Gästen nahe zu bringen, hat er zwei Degustationsmenü auf dem Programm, ›Terra‹ und ›Mare‹, also Fleisch bzw. Fisch, mit je sieben Gängen zu einem erstaunlichen Preis: 75 000 bzw. 85 000 ITL.

Besonders gemundet haben vom ›Erd‹-Menü die soufflé-leichte Quiche aus rotem Radicchio mit intensiver Talegio-Soße, das Hühnerleber-Parfait mit Stopfleber-Scheiben, reduzierter Moscateller-Butter-Soße und warmer Brioche; die mit Ricotta gefüllten Ravioli waren durchsichtig-dünn und eidotter-gelb, das gefüllte Täubchen schmeckte und duftete nach Vinsanto. Der Nachtisch wird täglich neu fantasiert und mit Namen versehen, die einfach neugierig machen wie die *Marchesa al cioccolato...*

Achtung: Die kleinen, frisch gebackenen Brötchen, ob Tomaten-, Rosmarin- oder Trüffelbrötchen und Grissini schmecken so gut, dass man Gefahr läuft, sich schon daran satt zu essen. Der Weinkeller ist mit mittleren und ganz feinen teuren Tropfen sehr gut bestückt, keine toscanische Prestige-Lage fehlt!

Was auch immer im Poggio Antico serviert wird, das Auge isst mit

Restaurants/Casentino und Val di Chiana bis Montalcino

24
Antica Osteria del Bassomondo

Karte: F 8
Località Castelnuovo dell´Abate
53024 Montalcino (SI)
Tel. 0577 835619
Di–So 12.30–14.30 und 19.30–
22/23 Uhr;
Laden ab ca. 9 Uhr geöffnet
Kreditkarten: keine
Preiskategorie: günstig

Anfahrt: Castelnuovo dell´Abate liegt 10 km südlich von Montalcino und die Osteria mitten im Ort.

Solche Wirtsleute wie im Bassomondo wünscht man sich auch anderswo…

Vasco Sassetti und seine Familie sind so geblieben, wie sie immer waren: bescheidene ländliche Toscaner, aufmerksame und freundliche Wirtsleute und außerdem Produzenten von hervorragenden Käse- und Wurstwaren sowie Schinken, Olivenöl und natürlich Montalcino-Wein. All dies und noch mehr kann man im Lebensmittelladen einkaufen, vor dem ein paar Caféhaus-Tische zu einem Glas Wein und einer *Merenda* einladen.

Rechts durch den Laden gelangt man in die einfache Trattoria, in der ab 1947 Vascos Vater Onorato mit Mutter Elina die historische Osteria mit Pferdestation (seit dem 15.Jh.!) führten, hungrige Mäuler so köstlich ›stopften‹, dass der Laden bald eine ganz schön große Familie ernährte. Heute hilft Kusine Giovanna, die Gäste kulinarisch mit traditionellen Gerichten im zweigeteilten Speiseraum mit seinen nackten Steinwänden und proper gedeckten Tischen zu verwöhnen.

Giovannas Spezialitäten sind die Crostini, die sie zu Vascos eigenem Wurst- und Schinkenaufschnitt gibt, dazu die von ihr eingelegten Artischocken, Steinpilze und Zwiebeln – und natürlich die *Pasta fresca;* die *Pinci*, die hier in der Gegend mit n, also anders als im Chiana-Tal geschrieben werden, bereitet sie am liebsten mit einem Wildschwein-Sugo zu, mit Steinpilzen oder normalem Fleischragout, im Sommer aber auch mit Tomatensoße oder Wildspargel.

Ein Gedicht ist das *Coniglio al Brunello* und im Winterhalbjahr das Wildschwein, *un po piccante...* Bei den *Dolci* schließlich sollte man einfach fragen, was Tochter Donatella frisch gebacken oder sonstwie zubereitet hat. Herrlich duftend kommt z.B. die *Crostata* mit Obstbelag aus dem Garten und Pinienkernen. Weine? Am besten Vasco Sassettis eigene, ob den einfachen Rosso oder den kostbareren Brunello di Montalcino.

125

25
Trattoria Il Pozzo

Karte: F 8
Località Sant´Angelo in Colle
53024 Montalcino (SI)
Tèl. 0577 844015
Mi–Mo 12.30–13.30 und 19.30–
22 Uhr
Kreditkarten: alle gängigen
Preiskategorie: günstig

Anfahrt: 9 km südlich von Montalcino auf der Staubstraße Richtung Grosseto (an Poggio Antico, s. S. 124, vorbei).

Am unteren Ende der Piazza Castello des Mini-Weindorfes Sant´Angelo in Colle, der Pieve di San Michele Arcangelo gegenüber, lockt ein winzig kleines Lokal mit einer hübschen ovalen Tafel zu kulinarischen Genüssen unter dunkler Balkendecke. Die Genüsse bleiben im Bodenständigen (inklusive großer Portionen) und Deftigen, schmackhaft zubereitet und liebevoll angerichtet. Dampfend kommt die klassische *Ribollita* auf den einen der acht kleinen Tischen hinter der Bar, oder die *Pinci* mit Hasenragout; als Secondi gibt es vor allem Gegrilltes von der Holzkohlenglut oder gebratene Täubchen vom Spieß, Kaninchen in Zwiebeln oder die reiche *Scottiglia* – verschiedenes Fleisch aus dem Schmortopf, natürlich in Brunello-Soße. Zum Nachtisch: Hier sind die *Crostate* ganz wichtig, die täglich frisch aus Obst und Marmelade gebacken werden, aber auch Ricotta-Mousse und eine Mandeltorte namens Mantovana.

So mitten im Weinanbaugebiet des Brunello – da muss auch eine kleine Trattoria eine gewisse Wein-Auswahl haben. Das Pozzo scheint alle namhaften Tropfen des Gebietes in der Cantina zu lagern, denn bei keiner Lage gerät man in Verlegenheit, sie nicht kredenzen zu können. – Da das Lokal auch ein Einheimischen-Treff ist, sollte man rechtzeitig reservieren und sich genügend Zeit nehmen, auch den passenden Wein aus einem der berühmtesten Anbaugebiete der Toscana oder ganz Italiens zu finden.

Nur Weinkenner verirren sich normalerweise nach Sant' Angelo in Colle und ins Pozzo

26
Il Mulino

Karte: F 9
Via Roma 112
58055 Semproniano (GR)
Tel. 0564 987117
Fr–So 12.30–14.30 und 19.30–
22.30 Uhr
Kreditkarten: alle außer Diners Club
Preiskategorie: günstig

Anfahrt: 15 km nördlich von Saturnia, 30 km nordwestlich von Pitigliano, jeweils auf kurvenreichen Nebenstraßen zu erreichen.

Die lange und kurvenreiche Anfahrt ins 622 m hoch gelegene Nest, das sich etwas hochtrabend Luftkurort nennt, lohnt allein wegen Pinas Kochkunst im kleinen Mulino mit seinen spitzengedeckten Tischen für höchstens 25 Gäste. Man sitzt im durch hohe Backsteinbögen dreigeteilten, langgestreckten Raum einer Getreidemühle von 1897, im Winter gemütlich durch das lodernde Kaminfeuer erwärmt.

Das aus Rom stammende Ehepaar Maria Giuseppina, genannt Pina, und Giampaolo Pingi, zog sich 1990 in diese Hügeleinsamkeit zurück, »um endlich zu leben«. So halten sie ihr Lokal nur freitags bis sonntags geöffnet, treiben aber dann viel Aufwand. Das fängt schon beim Einkauf an, denn außer Fleisch und Fisch wird alles, was hier verwendet wird, biologisch angebaut, auf den Farmen von Freunden. Und gipfelt in der hausgemachten Pasta, die tatsächlich frisch fertiggestellt wird, wenn der Gast seine Bestellung aufgegeben hat: Den Teig bereitet Pina schon morgens vor, ob den leichten mit Olivenöl für ihre riesengroßen aber hauchdünnen Tortelli mit Brennnessel-Ricotta-Füllung oder den etwas schwereren für die Pappardelle, auch mal spinat- und brennnesselgrün oder roterübenrot. Die Salse jagt sie blitzschnell durch den Mixer, für jedes Gericht extra und nur aus frischen Kräutern, jungen *Fave* oder anderem Saisongemüse, mit Knoblauch und Meersalz gewürzt.

Auch die Bestellungen nimmt Pina am liebsten selber auf, und ist immer

Alles geht ihr schnell von der Hand: Köchin Pina

so überzeugend, das man selten anderer Meinung sein dürfte... Etwa beim Vorspeisenteller *Antipasti Fantasia*: Da kommen zu den Crostini allerlei Gemüse-Aufläufe, zur Saison z. B. gefüllte und überbackene Zucchini-Blüten, Crêpes mit pürierter Zucchini-Füllung, Linsensalat. Als Hauptgang Lamm oder ein Rindsfilet in Waldpilzsoße und zum Nachtisch wieder Pina-Fantasien wie durch Kaffee köstlich bitter schmeckende und schön dekortierte *Panna cotta* oder zarte *Crostate*.

Restaurant/Maremma-Binnenland und Küste

27
Il Tufo Alegro

Karte: F/G 10
Vicolo della Costituzione 2
58017 Pitigliano (GR)
Tel. 0564 616192
Mi–Mo 12.30–14.30 und 19.30–22 Uhr
Kreditkarten: alle außer Diners Club
Preiskategorie: moderat

»Heiterer Tuff« heißt das urige Lokal im Herzen des früheren Ghettos der alten Etrusker-Stadt Pitigliano, und scheint tatsächlich in den Tuff hinein gebohrt worden zu sein. Was auch an heißen Sommertagen eine gewisse Kühle verspricht. Oben sitzt man eng und gemütlich unter strengen Holzbalken und akkurat geschnittenen Tuffsteinmauern – unten aber richtig im Tuff, zwei Tischchen sogar auf einer Art Empore.

Domenico Pichini zaubert erst seit 1992 in seiner winzigen Küche lokale Spezialitäten mit einem Hauch jüdisch-orientalischer Tradition, die sich vor allem in den Süßspeisen wiederspiegelt und in der Kombination von Süß und Sauer wie beim *Baccalà* mit Rosinen, Kapern und Pinienkernen. Sonst läßt er möglichst seine Fantasie walten wie bei den *Tagliolini con carbonara di asparagi*, die er mit Sommertrüffel und Bottarga, dem Kaviar der Meeräsche, würzt. Oder bei der *Lasagnetta ai carciofi* mit *Formaggio di fossa*, einer Artischocken-Lasagne mit Kaninchen-Ragout und würzigem Pecorino. Als Hauptgang gibt es Kaninchen mit Wildfenchel oder Wildschwein in Cigliegiolo, eingelegt in Wein aus einer endemischen Traube der Gegend von Pitigliano, der dem Fleisch über Nacht den richtigen Geschmack gibt. Dazu trinkt man den roten Cigliegiolo-Wein – wie die meisten Weine aus der gut bestückten Cantina im dritten Tuffkeller unter dem Lokal zu moderaten Preisen. Doch der eigentlich berühmte Wein von hier ist der Bianco di Pitigliano, ein wirklich trockener, klarer Weißer, der eiskalt getrunken werden sollte; Domenico schwört auf den biologisch angebauten von Sassotono.

Wirt und Koch Domenico in seinem Tuffo Alegro

Ganz groß ist die Käseauswahl, sortiert nach Schafs-, Kuh- und Ziegenkäse! Und die reichlich belegten Käseplatten werden sogar als Hauptgang mit Honig und Konfitüre aus Früchten und Gemüse serviert. Die *Dolci* sind alle hausgemacht, ob die Ricotta-Mousse mit Schokoladensoße und süßem Aleatico oder die nur frühsommerliche Mandeltorte mit Erdbeersoße.

28
La Cantina

Karte: E 10
Via delle Botte 1
58054 Scansano (GR)
Tel. 0564 507605
Mi–Mo 9.30–23/24 Uhr
Kreditkarten: alle außer Diners Club
Preiskategorie: gehoben

Enoteca mit Weinverkostung und Küche – so etwas wünscht man sich auf einer weinseligen kulinarischen Reise doch immer, aber leider findet man solche Lokale recht selten. La Cantina wurde erst 1996 in den renovierten Natur- und Backsteingewölben der früheren Weinlager eines Stadtpalastes aus dem 17. Jh. mitten im historischen Kern von Scansano eingerichtet. An den langen Holztischen finden sechs bis acht Personen Platz, um sich von Marzia kulinarisch verwöhnen zu lassen. Den passenden Wein kann man sich in der Enoteca nebenan aussuchen und an den Tisch mitnehmen – zum normalen Einkaufspreis. Es sind gute Tropfen, schließlich befinden wir uns mitten im Weinanbaugebiet des Morellino di Scansano.

Ehemann Alessandro Bargagli kümmert sich um die eigene Wein-, Grappa- und Olivenölproduktion, während Tochter Cristina den Service schmeißt – sowohl in der Enothek als auch im Restaurant. Ein wahrer Hit sind die Antipasti del Rè, reich belegte Crostini, oder geräucherte Gänse-, Enten- und Truthahnbrust sowie Ziegenfleisch mit gedämpftem Gemüse. Auf keinen Fall darf man hier die *Acquacotta* auslassen, das ›arme Essen der Maremma‹: Zwiebeln, Bleichsellerie mitsamt Blättern und Tomaten lange geköchelt, dann feine Brotscheiben vom Vortag samt geriebenem Pecorino mit der Gemüsesuppe übergossen, obenauf ein Ei geschlagen und im zugedeckten Topf ein paar Minuten gegart. Oder die Tortelli mit Kürbis- und Zucchini-Füllung und dünne Leberpasteten-Scheiben. Die *Bistecca fiorentina* kommt noch fast blutig auf den Tisch, wird in Scheiben geschnitten den Gästen überlassen, die

La Cantina, unter hohen Gewölben und mit hervorragender Maremma-Küche

sie sich auf einem glühend-heißen Gußeisenbrett nach eigenem Gusto weiter brutzeln.

Für Marzias kreative toscanische Küche muss man schon etwas tiefer in die Tasche greifen, dafür sind Pasta und die hervorragenden *Dolci* hausgemacht; und auch zum Coperto gehören nicht ganz so kleine Kleinigkeiten vorweg wie *Focaccia* oder *Panzarella* sowie das Mineralwasser.

29
Antica Trattoria Aurora

Karte: E 10
Via Chiasso Lavagnini 12/14
58051 Magliano in Toscana (GR)
Tel. 0564 592030
Do–Di 12.30–14 und 19.30–21.30
Uhr und später
Kreditkarten: alle
Preiskategorie: moderat

Anfahrt: An der SS 323 Scansano – Albinia/Küste auf halber Strecke.

Die Antica Trattoria Aurora ist ein winziges, sehr schönes Lokal in drei kleinen, liebevoll eingerichteten Räumen in zwei durch Glastüren zusammen gelegten Häusern mit einem

Gepflegtes Ambiente in der an sich ländlichen Aurora

zauberhaften Garten ein paar Stufen höher. Direkt an der mittelalterlichen Aldobrandi-Stadtmauer des idyllischen Ortes in 130 m Höhe mitten in der Küstenmaremma. Kleine Details wie eine beleuchtete Nische, Wände aus Florentiner Stuck in harmonischem Wechsel mit Natursteinmauern, eine dekorativ ausgeleuchtete Treppe in die Cantina (mit vorwiegend toscanischen Weinen) zeugen vom guten Geschmack der jungen Umbrerin Paola Ciampan, deren Mann Lucio Gnani sie bei der Einrichtung ebenso gewähren läßt wie in der Küche. Lucio stammt aus Magliano, seine Eltern besaßen seit 1950 die Antica Trattoria Aurora, aber nicht hier, sondern am kleinen Hauptplatz des Dorfes. 1989 machten die jungen Leute ihr eigenes Lokal mit dem alten Namen auf und änderten die Richtung: lokale Küche mit eigenen Variationen aus lokalen Produkten in sehr gepflegtem, wenn auch weiterhin ländlichen Ambiente – ein Platz zum richtig Wohlfühlen und zum Verwöhntwerden.

Frittata mit hauchdünnem *Lardo*, Steinpilz-Lasagne mit Bechamelsoße, Gnocchi mit aromatischen Kräutern, Pasta mit Perlhuhn-oder Taubenfüllung und einer Zwiebel-Knoblauchsoße oder Artischocken mit Lamm-Sugo. Am besten, man bestellt zum Eingewöhnen zu zweit den *Primo Piatto misto Aurora* mit drei diversen Primi nach Wahl. Dann eine Gänsebrust in Morellino- und Maulbeer-Soße mit kleinem Kichererbsen-Pürree oder Jungschweinlende mit grünen Äpfeln. Für die *Dolci* gibt es keine Karte, denn diese werden täglich neu erdacht und am Tisch erklärt, etwa das warme Schokoladentörtchen mit Minz- oder Orangensoße...

30
Da Bracali

Karte: D 8
Località Ghirlanda
Via Ghirlanda
58024 Massa Marittima (GR)
Mi–So (im Sommer tgl.) 13–14.30
und 20–22.30/23 Uhr
Kreditkarten: alle
Preiskategorie: teuer

Fast zerbrechlich wirken die Kreationen im Bracali

Anfahrt: Im Vorort Ghirlanda 2 km nordöstlich von Massa Marittima Richtung Siena.

Mit einem Michelin-Stern leuchtet das von außen bescheidene Restaurant, das man an der Landstraße glatt übersehen könnte. Was ein Verlust für Leute wäre, die in gepflegtem Ambiente eine mit Finesse und Liebe zubereitete Mahlzeit nicht nur genießen, sondern von der Familie Bracali (zwei Söhne, Mutter und Vater) zelebriert bekommen möchten. Man gelangt zuerst in die Bar mit gut bestückter Enoteca und wird links in den Scheunen-ähnlichen Speiseraum mit wenigen, feierlich gedeckten Tischen mit einer Art Wintergarten geführt. Gespeist wird (Rauchverbot!) zu leiser Jazzmusik, die der junge Saalchef und Weinkenner Luca liebt, und der fachmännisch erklärt, was der zurückhaltende Bruder Francesco in der Küche zaubert.

Leicht sind die Frühlings- und Sommermenüs, etwas deftiger die Herbst- und Winterspezialitäten. Man fährt gut mit den »Proposte«, den Degustationsmenüs des Hauses. Köstlich schmeckt der Fisch- und Scampi-Carpaccio mit Basilikumduft und kleinem Fave-Salat mit Parmesan-Spänen, desgleichen die krokanten Zucchiniblüten mit Edelfisch-Füllung und kleinen Nocken von frischem Erbsenpürree mit Pinot Nero-Soße oder die *Lasagnetta* mit fast roher Stopfleber, schwarzem Trüffel, Minzsoße und Artischocken-Julienne. Als Hauptgang *Variazione d'agnello toscano*, um über die Fantasie der Küche zum Thema Junglamm zu staunen. In der kühlen Jahreszeit gibt es lauwarmen Fisch-Carpaccio mit ebenfalls warmem Salat aus Fenchel und Staudensellerie, Kapern und Oliven, ein Pilz-Süppchen mit gebratenem Steinpilz-Kopf und Leberpastete, hausgeräucherte Entenbrust mit Kürbis und Filets von der Triglia, eine Lammterrine sowie raffiniert begleitete Taubenbrust. Dem fantasievollen und wunderschön dekorierten *Dolce* der Saison folgt zum Kaffee eine ›Pyramide‹ mit hausgemachten Pralinen...

Toscanas beste Weine werden kredenzt, aber auch die Maremma-Weine des jüngsten toscanischen DOC-Gebietes, etwa ein Vermentino wie der Paleo Bianco von Le Macchiole nahe Castganeto Carducci oder der rote Avvoltore von Moris Farms nahe Massa Marittima.

31
Da Maria

Karte: F 11
Via Nuova 3
58011 Capalbio (GR)
Tel. 0564 896014
Mi–Mo 12.15–15 und 19.30–22 Uhr,
während der Saison tgl.
Kreditkarten: alle
Preiskategorie: gehoben

Anfahrt: Von der südlichen Aurelia SS 1 Richtung Rom in Höhe des Burano-Sees nach Capalbio abbiegen (6 km); das Lokal befindet sich an der Stadtmauer (ausgeschildert).

Zum Glück kann man in Marzias Restaurant, das einer großen Jagdhütte gleicht und das sie im Jahr 1981 übernommen hatte, ziemlich lange essen, denn Pasta und andere Spezialitäten werden nach Bedarf frisch hergestellt. So ist es nicht weiter schlimm, wenn man vorerst keinen Platz bekommt. Dann kann man noch durch das früher als Brigantennest verschriene Capalbio in seinen intakten Mauern schlendern, einen Aperitif in einer der gemütlichen Bars einnehmen und wieder ins Maria zurück kehren.

Die meisten Gäste kommen wegen der Rinds-Tagliata, einer *Fiorentina*, die in Scheiben aufgeschnitten und reichlich mit Rosmarinöl beträufelt wird. Zu einem stolzen Preis zwar, aber auch die *Buttera* ohne das Filetstück wird zum selben Preis angeboten, was Kenner erstaunen muss. Alles Grillfleisch kann man sich selber am Tisch nachgaren, auf einer großen gußeisernen *Piastra*. Riesig kommen auch die krossen Schweins-

Ins Da Maria geht man des Fleisches wegen

haxen aus der Küche und werden vor dem Gast portioniert!

Doch die Pasta, in der kleinen Extra-Küche hinter Glas laufend aus Hartweizengries frisch produziert und reichlich serviert, muss man außerdem probieren, z.B. die *Tortellini di selvaggina*, also mit Wildgeflügel-Füllung, in Salbeibutter und Balsamico geschwenkt, oder die Radicchio-Röllchen mit Tagliolini und Pilzen; das Traditionsgericht sind aber die *Pappardelle al cinghiale*, also mit Wildschweinsoße.

Zum Schluss: warme *Crostata* aus Äpfeln und Birnen oder aus Birnen und Pflaumen mit Zimtcreme. Vom Nachbarort stammt der süffige Hauswein, sonst fragt man am besten den Hausherren Maurizio Rossi nach den Schätzen seiner Cantina.

Gambero Rosso

32

Karte: C 8
Piazza della Vittoria 13
57027 San Vincenzo (LI)
Tel. 0565 701021
Mi–So 13–14.30 und 20–22.30 Uhr
Kreditkarten: alle
Preiskategorie: teuer

Zwei Sterne trägt das feine, kleine Restaurant mit den großen Fenstern und der vornehmen Einrichtung direkt am nicht besonders mondänen Yachthafen von San Vincenzo. Zwei Sterne seit 1996, die es zu einem der berühmtesten Fischlokale der Toscana gemacht haben. Wegen der Hafenlage, was Superkoch Fulvio Pierangelini ziemlich ärgert, obwohl er nun mal mit Fisch ganz fantastisch umzugehen weiß. Denn eigentlich gilt die Liebe des kräftigen, groß gewachsenen Mannes dem Fleisch, vor allem dem von der *Cinta senese*, einer erst vor wenigen Jahren wieder entdeckten Schweineart, deren Beliebtheit er mit besonderen Kreationen erheblich steigern konnte.

Also lassen wir die köstlich leichten Kompositionen von frischen Meeresfischen, -früchten und Krustentieren des empfehlenswerten Degustationsmenüs namens »I Classici del Gambero Rosso«, dem man für einen erstaunlich kleinen Aufpreis – so man nicht satt geworden sein sollte – einen Täubchen-Gang anhängen kann, beiseite und befassen uns ausnahmsweise mit dem besonderen Schweinefleisch. Das Fett dieses Tieres soll den zarten und doch intensiven Geschmack abgeben, den Kenner durch Fulvio schätzen gelernt haben. Man bestellt am besten die *Variazione sul maialino di Cinta senese*, elf Gänge, für die man sich Zeit nehmen und für die man die richtige Kondition haben muss. Eine der besten ›Variationen‹: *Maialino al mirto*, gänzlich vom Duft und herben Geschmack der Myrte umhüllt.

Zum Nachtisch, falls man noch genügend Kapazität besitzt, etwa ein krokanter Crêpe-Schmetterling mit Karamel-Soße, Pinienkernen und Rosinen mit Vanille-Eis obenauf. Und der Wein? Ob ein ganzes Buch mit den besten italienischen und überhaupt weltberühmten Tropfen als Weinkarte reicht?

Perfektes Ambiente für Fulvio Pierangelinis Küche

33
Bagnoli

Karte: C 7/8
Località Bagnoli 13
57022 Castagneto Carducci (LI)
Tel. 0565 763630
Do–Di 12.30–14 und 19.30–21.30 Uhr
Kreditkarten: alle
Preiskategorie: moderat

Anfahrt: Auf der Straße von Castagneto Carducci nach Sassetta am kleinen blumengeschmückten Schild nach rechts abbiegen und weiter rund 3,5 km durch den Wald zum Gartenrestaurant fahren.

Mitten im Steineichen-, Kastanien- und Lorbeerwald der Meeresmaremma mit Blick auf Castagneto Carducci hat die rührige Ilaria Bagnoli sich und ihrer Familie mit dem Waldlokal eine neue Existenz geschaffen, die zu den sehr einladenden Plätzen der ländlichen Toscana zählt. Im Sommer spielt sich alles, auch das Grillen, im Freien ab, denn unter den schattigen Bäumen läßt es sich auch bei größter Hitze gut aushalten. Während der kühleren Monate aber ist man in den beiden Räumen mit Spitzendecken auf den Tischen im fast herrschaftlichen Bauernhaus mit offenem Kamin und bullerndem Ofen, den einzigen Wärmequellen, bestens aufgehoben – mit Talblick.

So tief im Wald sollte man sich an die Waldspezialitäten wie die *Antipasti di selvaggina* (Aufschnitt von Wild) halten, die *Insalata di funghi porcini*, den Steinpilz-Salat oder die *Zuppa Castagnetana*, also nach Art von Castagneto, die aus Steinpilzen zubereitet wird, und die *Tagliatelle di ortiche al sugo di cinghiale*, Brennessel-Pasta mit Wildschweinsoße. Für den Hauptgang könnte man ein gebratenes Kaninchen wählen oder Täubchen im Töpfchen. Kenner des Lokals bestellen im Voraus die Spezialität überhaupt, *Testa ci cinghiale*, die Ilarias Ehemann mindestens einen halben Tag Arbeit kostet – wegen des Säuberns und Abflammens des Wildschweinkopfes. Aus ihm, mit Innereien und *Pancetta* gefüllt, werden dann zwei bis drei Rollbraten geformt und 24 Stunden lang in Wein, Kräutern, Zwiebeln und Wurzelgemüse mariniert. Anschließend müssen sie auf der Herdflamme in Wein und Olivenöl etwa drei Stunden lang garen. »Il pasto forte die Castegneto Carducci«, flüstert Ilaria und verdreht die Augen…

Auch im Winter urgemütlich: das Bagnoli

34 Gattabuia

Karte: B 6
Via Gramsci 32
57016 Rosignano Marittimo (LI)
Tel. 0586 799760
Mi–Mo 12.30–14 und 19.30–22 Uhr
Kreditkarten: alle gängigen außer
American Express und Diners Club
Preiskategorie: günstig bis moderat

Finsteres Gefängnisloch, so könnte man Gattabuia aus dem Alt-Toscanischen übersetzen – doch dieses finstere Loch mitten in Rosignano Marittimo gehört zu den angenehmsten Lokalen überhaupt: drei niedrige Gewölbe, ein kleiner Garten, neben der Bar eine winzige Küche. Dort regiert Spinella Galeazzi ganz allein, die

Ein Platz zum Wohlfühlen: Gattabuia

sich hier zusammen mit ihrem Lebenspartner und Weinliebhaber Alberto Pescatori einen lange gehegten Wunsch erfüllt hat: Kochen, »una passione!«, flüstert sie. Eigentlich kommt man abends hierher, doch auch mittags bleibt die kleine Trattoria geöffnet, die dann aufsuchen sollte, wer garantiert einen Platz bekommen und von Spinella in Ruhe verwöhnt werden möchte. Etwa mit ihrer stets nach der Bestellung frisch ausgerollten und geformten oder geschnittenen Pasta, mit ihren kleinen Gemüse-Sformatini (Aufläufe), die nicht nur Vegetarier glücklich machen dürften, mit den Vorspeisen von lokalen Blaufischen wie Sardinen, Fahnenfisch oder *Stoccafisso* bzw. *Baccalà*, Letzterer vielleicht mit marinierten Melanzane, also Auberginen, frischen Tomaten und bestem Olivenöl. Oder wie wäre es mit Dinkelnudeln zu Entenbrust und Artischocken?

Das Geheimnis des runden, mit Panzerglas geschützten Guckloches im Boden des Restaurants: Im einstigen Brunnenraum lagert Albertos Wein, zu dem er nur durch einen zweiten Brunnenschacht gelangen kann. Bestellt ein Gast eine besondere Flasche, klappt Alberto den schweren eisernen Deckel auf und steigt hinab... Auf der Weinkarte findet man auch ganz normale und doch gute lokale Weine, denn dieser Wirt ist der Meinung, dass zwar nicht jeder Gast ein Weinkenner sei, aber jeder das Recht auf einen bezahlbaren ordentlichen Wein zum guten Essen habe.

Übrigens schaut keiner komisch drein, wenn ein Gast nur einen oder zwei Gänge bestellt – und Hunde dürfen ins Lokal, auch wenn draußen, wie es die italienischen Ordnungshüter verlangen, Anderes stehen muss.

35
Nonna Isola

Karte: B 6
Via Aurelia 556/558
57012 Castiglioncello (LI)
Tel. 0586 753800
Di–So, im August tgl.13–14.30 und
20–22.30 Uhr
Kreditkarten: alle gängigen
Preiskategorie: moderat

Man muss im Zentrum Castiglioncellos an der stark befahrenen Durchgangsstraße rechtzeitig nach der Hausnummer Ausschau halten, sonst fährt man an der Trattoria mit ihren beiden Räumen glatt vorbei. Diese sehen mit ihren frischen weißen Wänden aus, als seien sie früher einmal Garagen oder Lager gewesen. Tatsächlich sind sie seit 1895 in Familienbesitz, damals eine Art Lebensmittelladen mit eigenem Backofen und kleinem Speisezimmer, die richtige Station für die fahrenden Gemüsehändler zwischen Rom und Livorno. 1987 hat Enrico Faccenda das Lokal von seinen Eltern übernommen, wobei Mutter Maria Luisa in der Küche weiterhin das Zepter schwingt. Schwierig? Nein, lächelt sie, dazu brauche sie nur frischen Fisch, schmackhafte Tomaten und etwas Petersilie, der Gast noch eine saftige Zitrone und frischen Pfeffer aus der Mühle...

Die laute Durchgangsstraße hat man bald vergessen, wenn Enrico, der sich selber als Koch, Rezeptionist und Kellner bezeichnet, mit der kleinen Vitrine voller Fische und Meeresfrüchte ›vorgefahren‹ kommt. Spätestens aber, wenn die erste Vorspeise serviert wird, etwa das *Crudo con scampi, tartufi di mare, pesce spada e ricci* – natürlich alles frisch vom Tagesfang. Als Hauptgang passt immer ein schöner Edelfisch, kurz gedämpft oder gegrillt, ohne viel Drumherum, oder eine Variante der berühmten Fisch-Cacciucco aus der Provinzhauptstadt Livorno, nämlich *Cacciucco di polpo e moscardini*, aus verschiedenen kleinen Tintenfischen. Die Krustentiere, die hier verarbeitet werden, stammen alle von den heimischen Gewässern der toscanischen Küste. Dazu trinkt man bei Enrico schlichte und doch perfekt passende und hier preiswerte Weißweine wie den Bianco di Pitigliano oder sogar den Bolgheri Bianco vom berühmten Michele Satta.

Trotz Fisch-Spezialitätenrestaurant: Man sollte ruhig nach den *Dolci* des Tages fragen, denn auch darauf, wieder ohne viel Drumherum, versteht sich Mamma Maria Luisa hervorragend.

Mutter und Sohn vor der Nonna Isola

36
Romano

Karte: B 4
Via Mazzini 122
55049 Viareggio (LU)
Tel. 0584 31382
Di–So, im August Mi–So
12.30–14.30 und 19.30–22.30 Uhr
Kreditkarten: alle gängigen
Preiskategorie: teuer

Unter den teuren Restaurants der Toscana dürfte das Romano, das mitten in Viareggio an einer landeinwärts führenden Hauptstraße liegt und immerhin schon seit 1965 im selben Besitz ist, eines der günstigsten sein. Also doch nicht gar so teuer, vor allem nicht angesichts der gebotenen Qualität: bei den Speisen, Getränken und dem Service. Franca Franceschini steht der kleinen Küche zwischen beiden Speiseräumen des Lokals vor, in der sie sich bereits 1982 den Michelin-Stern erkocht und seitdem eisern gehalten hat. Chef des Hauses ist daneben Ehemann und Sommelier (mit bedeutendem Weinkeller) Romano, der selber unter die Winzer gegangen ist und einen recht ordentlichen Montecarlo Bianco produziert.

Fast alle großen Fischspezialitäten kann man im Romano sozusagen in Klein als Antipasto haben, eine herrliche Idee, wenn man sich durchprobieren möchte. Und alles, ob als Vorspeise oder als Hauptgang, wird kunstvoll auf dem Teller arrangiert. Seit einer Ewigkeit auf dem Plan und immer wieder ein Gedicht sind die winzig kleinen *Calamaretti ripieni*, Tintenfische mit Krustentier- und Gemüsefüllung oder die unglaublich kleinen Triglie-Filets mit Oliven und Tomaten, Basilikum und feinem Olivenöl. Ebenfalls eine Kreation Francas ist die *Zuppa di calamaretti*, die kleine Suppe mit ordentlich vielen kleinen Tintenfischen, oder der *Passato di fagioli con scampi*, das Bohnenpüree mit Scampi oder aber die Dinkelsuppe mit Fisch und Gemüse.

Nur vier Fleischgerichte, dafür kräftige Kalbs- oder Rindsspezialitäten stehen für unverbesserliche Fleisch-Fans auf der Menükarte, und die Extra-Dolci-Karte ist zum In-die-Knie-gehen...

Weit weg vom Strand und unbedingt einen Besuch wert: Romano

37
Locanda Le Monache

Karte: B 4
Piazza XXIX Maggio 36
55041 Camaiore (LU)
Tel. 0584 984011
Do–Di 12.30–14.30 und 19.30–22.30 Uhr
Kreditkarten: alle
Preiskategorie: moderat

Anfahrt: Von Lido di Camaiore 6 km landeinwärts direkt nach Camaiore zur zentralen Piazza.

Als Filiberto Bertozzis Großvater 1920 aus den USA zurückgekehrt war, um sich vom dort als Holzfäller schwer verdienten Geld eine neue Existenz in der alten Heimat aufzubauen, hat er sicher nicht geglaubt, dass sein 1923 eröffnetes Hotel-Restaurant (nach einer Pacht-Pause) ab 1990 eine richtig gute Adresse werden würde. Im nur andeutungsweise zweigeteilten Restaurant sorgen der große offene Kamin, in dem im Winter ein Feuer lodert, und daneben die offene Feuerstelle für die beliebten Grillgerichte, für eine gemütliche Atmosphäre. Koch Filiberto und Ehefrau Sonia (im Servcie), Tochter Daniele (in der Küche) und deren Angetrauter Nicola, ein Sommelier mit Leib und Seele, bilden inzwischen eine perfekte Mannschaft.

Das Essen ist hervorragend zubereitet und die Portionen sind groß – was will man mehr? Einen passenden Wein – dafür ist schließlich Nicola da! Etwa zum *Lardo di Camaiore*, im Gegensatz zum weißen Speck von Colonnata ein rosafarbener, auf den man hier sehr stolz ist. Oder zum unglaublich reich bestückten Antipasto mit verschiedenen Crostini und Tomaten-Bruschetta, Polenta-Schnitten mit Steinpilzen, Pastete mit Hähnchenbrust-Füllung, Gemüse-Frikadelle und –auflauf. Die *Zuppa della frantoiana* gehört zu den schlichten und doch so leckeren traditionellen Gerichten: eine Suppe aus groben Gemüsestücken über gerösteten Brotscheiben mit bestem Olivenöl und frischem Pfeffer aus der Mühle. Überhaupt: Alles wird im Le Monache ordentlich gewürzt, was man sonst selten in guten Restaurants erlebt, man spart weder mit Pfeffer noch mit Peperoncini; wer es lieber sanft mag, sollte sich also rechtzeitig zu Wort melden.

Und zum guten Schluss die *Sfogliatelle calde con mele alla cannella e crema*. Sie schmecken so gut wie es klingt: warme hauchfeine Blätterteig-Taschen mit Apfelfüllung und Zimtcreme.

Schon die dritte Generation verwöhnt hier die Gäste

38
La Dogana

Karte: B 4
Via Sarzanese 442
Località Capezzamo Pianore
55041 Camaiore (LU)
Tel. 0584 915159
Di ab 20 Uhr; Mi–So 12.30–14.30
und 20–23 Uhr
Kreditkarten: alle
Preiskategorie; moderat bis gehoben

Anfahrt: An der SS 439 knappe 4 km westlich von Camaiore Richtung Lido di Camaiore.

Unkompliziert und sehr freundlich ist die Atmosphäre im La Dogana

Die Lage an einer stark frequentierten Verkehrsader stört kaum jemanden, der schon im Lokal an einem der hübsch gedeckten großen Tische Platz genommen hat. Im vorderen Teil mit den Weinschränken nahe der Küche, in die man durch eine große Scheibe hineinsehen kann, oder im Wintergarten davor, den die 1975 zuerst als Pizzeria eröffnete Familien-Trattoria 1982 dazubekam – eine echte Bereicherung!

Freundlich wird man normalerweise von Sohn Daniele empfangen, der auch ein guter Berater in Sachen Wein mit ausführlicher Karte ist und Erstbesuchern zu Recht eines der beiden Menüs vorschlägt, das »Menù Terra« oder das »Menù Mare«. Daraus ein paar Tipps: Auf die Tages-Antipasti, die sich die Köche (darunter Mutter Lida, Zia Mirella und Nonno Pio mit Cugino Riccardo) einfallen lassen unter der Regie von Vater Vittoriano Pierucci, sollte man sich ruhig verlassen. Es handelt sich jeweils um drei verschiedene ›Meeres‹- bzw. ›Erd‹-Gerichte. Köstlich ist der *Carpaccio di pesce nero*, der auf dem Teller im Backofen kurz warm gemacht und mit einer feinen Tomatensoße serviert wird. Fahnenfisch wird, in Stücke geschnitten und auf roten marinierten Zwiebeln angerichtet, ähnlich wie die zarte Entenbrust behandelt. Ab Juni sollte man nach den Garfagnana-Steinpilzen fragen, die dort unter den Kastanien-Riesen gut gedeihen und einen besonderen Duft haben, und vielleicht eine zarte saftige *Tagliata con funghi porcini* probieren, die hier so schmeckt, wie es sein sollte. Aber auch mit Gorgonzola-Soße kann sich die nach dem Braten dünn aufgeschnittene Rinds-Bitstecca sehen lassen.

Die Tellergerichte werden sehr dekorativ angerichtet, ohne dass dies übertrieben wäre für eine Land-Trattoria. Nur das *Fritto misto* wird traditionell auf einem braunen, saugfähigen Papier serviert, damit die frittierten Fischchen und Meerestiere schön kross bleiben.

39
Da Venanzio

Karte: A 3
Piazza Palestro 3
54033 Colonnata di Carrara (MS)
Tel. 0585 758033
Mo–Mi, Fr–Sa 12.30–14.30 und
19.30–21.30, So nur 12.30–14.30
Uhr
Kreditkarten: alle gängigen außer
Diners Club
Preiskategorie: moderat bis gehoben

Anfahrt: Man fährt von Carrara rund 6 km auf kurvenreicher Straße weiter hinauf nach Colonnata.

Im Bergarbeiter-Nest Colonnata, das seinen Marmor-Arbeitern ein imposantes Denkmal errichtet hat, liegt an der einzigen Piazza ein kleines Restaurant, das seit 1970 viel Furore gemacht hat. Mit einer örtlichen Spezialität vor allem, die in marmor-weißen, Sarkophag-ähnlichen Gebilden reift: dem *Lardo di Colonnata*. Inzwischen mit garantierter Herstellung, also ein DOC-Speck, hauchdünn geschnitten sowohl roh als auch warm eine Delikatesse, für die viel bezahlt wird.

Einst kehrten im Venanzio die reichen Marmor-Barone zum Essen ein, an der Bar trafen sich den ganzen Tag über die Einheimischen zu einer *Merenda*, einem *Aperitivo* oder *Caffè*. Dies ist noch geblieben, die Barone aber haben abgedankt, jetzt kommen die Touristen, und die Einheimischen von der Küste bestellen einen Tisch oder gleich das ganze Lokal, wenn sie etwas zu feiern haben. Denn Venanzio Vannuccis Frau Lena, wie er aus Colonnata, ist eine begnadete Köchin und er ein gewiefter Wirt, der sein Lokal mit Designermöbeln eingerichtet hat und bei den acht oder neun kleinen Tischen auf Verknappungspolitik setzt.

Was man im Venanzio unbedingt probieren sollte: natürlich den *Lardo* mit Anchovis auf Crostini, die *Crespelle ai fiori di zucca*, mit Kürbisblüten also, als Hauptgang *Agnello al rosmarino* oder die Entenbrust in Orangensoße, die Kalbshaxe oder das Kaninchen in Wacholder. Oder gleich das Degustationsmenü, bei dem man sich überraschen lassen muss.

Die Wirte des Venanzio haben den Lardo di Colonnata berühmt gemacht

40
Al Ritrovo del Platano

Karte: B 3
Via Ponte di Campia 11a
Località Ponte di Campia
55027 Gallicano (LU)
Tel. 0583 766142
Do–Di 12–14.30/15, 19.30–22/23 Uhr
Kreditkarten: alle gängigen
Preiskategorie: günstig

Anfahrt: Ponte di Campia ist ein winziger ›Brückenort‹ am Serchio (an der SS 445) zwischen Gallicano und Castelnuovo Garfagnana.

Die zwei uralten Platanen vor der Osteria gaben ihr den Namen: Al Ritrovo del Platano, der Treffpunkt an der Platane. Er soll von Giovanni Páscoli stammen, dessen Gedichte die Garfagnana zumindest italienweit bekannt gemacht haben. Hier fühlte sich der Dichter, der sie seit 1900 täglich aufgesucht haben soll, besonders wohl. Vor allem in Gesellschaft des Wirtes Luigi Lemetti, dessen Familie das Lokal seit 1897 gehört. Ein Bild von Dichter und Wirt hängt im Speiseraum, dessen Cottoböden noch von der alten Remise stammen könnten.

Auf den weiß gedeckten Tischen brennen auch zur Mittagszeit Kerzen, der schwarze Flügel im Hintergrund und die leise Jazz-Musik mögen irritieren. Es ist die persönliche Handschrift von Sohn Gabriele Da Prato, der Musiker und Wirt zugleich ist. Am liebsten serviert er den leichten Hauswein, den schon Páscoli liebte, dazu echte Garfagnana-Kost.

Mutter Maria Grazia Lemetti sorgt als rechte Hand des Vaters Luigi Da Prato dafür, dass die leckeren Gerichte zwar unverfälscht, aber doch ein bisschen leichter zubereitet werden. Ob die Gemüsesuppe mit kräftigem Grünkohl auf gerösteten Brotscheiben, die *Maccheroni* mit Steinpilzen, die sich als dicke breite Pastascheiben aus Vollkornmehl entpuppen, oder die großen *Tortellacci* mit Fleisch- und Mangold-Füllung, dazu einen Sugo aus Hackfleisch und Tomaten.

Giovanni Páscoli liebte die kleinen und schmackhaften Forellen aus den Wildbächen der Garfagnana; kein Wunder, dass es in der Osteria daher *Trota alla Páscoli* gibt, mit Tomaten und Auberginen in der Pfanne gebraten. Für Naschkatzen hat die

Gut speisen in angenehmer Atmosphäre: Al Ritrovo

Küche ebenfalls ein Herz: Ihnen bietet sie in den kühleren Monaten den hauchdünnen, puren *Castagnaccio* mit der krokanten Oberfläche und einer frischen Ricotta-Kugel sowie 70% starken Rum an – dazu den recht starken Garfagnana-Likör *Nocino*. Die Weinkarte ist klein aber ausgewogen, auch preislich. – Angeschlossen ist nebenan ein nettes 15-Zimmer-Hotel »Campia«, dessen Gäste es in die nächste Osteria wahrlich nicht weit haben...

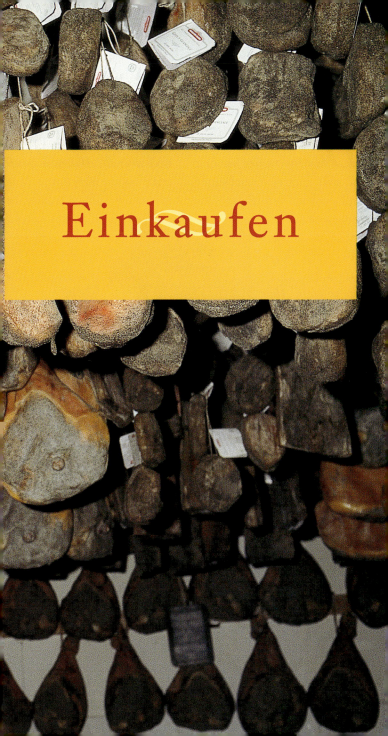

Einkaufen

Einkaufen

Die Toscana ist ein Einkaufsparadies für Leute mit gutem Geschmack, selten wird man Kitschiges bekommen, was viele Italiener an sich allerdings ganz gerne mögen. Aber die Toscaner selber lieben klare Linien und Erdfarben, schlichte Holzstühle mit geflochtenen Sitzen oder Cotto: ob Geschirr, Töpfe und Tröge für den Garten, Fliesen für die Böden ob im Haus oder draußen für Terrassen und Pool-Ränder. Hauptproduktionsgebiet: Impruneta und Umgebung, aber man bekommt ihre Produkte praktisch überall. Alabaster kauft man, wenn überhaupt, natürlich in Volterra, wo man Künstlern und Kunsthandwerkern bei der Arbeit zuschauen kann.

Schmiedeeisernes kommt ebenfalls in der Hauptsache aus der Val di Chiana, ist aber in der ländlichen Toscana wie z. B. im Chianti überall zu Hause und auch auf Märkten zu kaufen. Glaswaren wie Lampen und Designer-Geschirr kommen ebenso wie Fenster- und Industrie-Glas aus Empoli.

Der gute Geschmack der Toscaner zeigt sich zum Glück auch im Kulinarischen, weshalb zahlreiche Ingredientien der toscanischen Küche auch als Mitbringsel zu haben sind. Speziell Wurst und Schinken und vor allem Pecorino in allen Reifegraden und mit den verschiedensten Umhüllungen, wo man neuerdings der Fantasie freien Lauf lässt und etwa Kastanienblätter, Weintrester oder Nüsse verwendet. Und inzwischen hat man auch Käse aus Kuhmilch und vor allem Ziegenkäse entdeckt, den man ja teurer vermarkten kann... Dann die vielen eingelegten Gemüsesorten, ob in Weinessig oder bestem Olivenöl, das man natürlich auch ganz pur haben sollte. Getrocknete Steinpilze aus der Garfagnana und Trüffel von San Miniato al Tedescos herrlichem Trüffelmarkt, wo es natürlich auch alles Andere zu kaufen gibt, was sich kleine und größere Produzenten einfallen lassen und dort vor Ort anbieten.

Dann Süßes: Viele Backwaren aus der Toscana genießen inzwischen Weltruf wie die *Cantucci di Prato*, für die man zum Tunken den Vinsanto braucht, oder den *Panforte* aus Siena, bekanntlich eher ein Weihnachtsgebäck, aber was kümmert es die Schleckermäuler, wenn es das ganze Jahr mundet? Oder die federleichten *Ricciarelli* ebenfalls aus Siena, oder die *Ossi di morti* (Totenknochen) und die *Brutti ma buoni* (häßlich aber gut) aus dem Val di Chiana, allesamt ziemlich Mandel-schwer und unglaublich lecker...

Weine aus dem Chianti Classico und den angrenzenden Chianti-Gebieten, aus dem Montalbano und von der grossetanischen Maremma, aus Montepulciano den Nobile und aus Montalcino den Brunello. Dann die ganz kostbaren Weine, die sich keiner Gruppierung anschließen und keine DOC- oder DOCG-Banderole benötigen, um ge-

Öffnungszeiten

Geschäfte bleiben in den Städten allgemein montags bis freitags 9–12.30/13 und 15.30/16–19/20 Uhr geöffnet, samstags normalerweise nur vormittags, nicht aber in ausgesprochenen Urlaubsorten während der Saison, wo sie sogar an Sonn- und Feiertagen ihre Türen für Einkaufslustige offen halten. Dafür bleiben viele am Montag vormittag geschlossen. Auch Lebensmittelgeschäfte bleiben an einem bestimmten Wochentag am Nachmittag zu, was von Ort zu Ort variieren kann, ebenfalls weil viele von ihnen am Sonntag geöffnet bleiben. Märkte finden im Allgemeinen nur vormittags statt, das gilt auch für so große und wichtige Markthallen wie die beiden von Florenz.

schätzt zu werden und sich einfach Vino da Tavola, Tischwein nennen... Und dazu die *Grappe* und *Uve* (direkt aus der Traube, ohne den ›Umweg‹ über den Trester), die sich kein Winzer entgehen läßt.

Nach Florenz der Mode wegen – kein schlechter Gedanke, bietet die Stadt doch mit ihren Pitti-Messen ganz Italien den richtigen Laufsteg. Und wo man auch immer man in der Toscana auf Möbeltradition stößt, wird man Antiquitätenhändler und -messen finden, speziell in der Val di Chiana mit Arezzo und Cortona sowie in Florenz, wo freilich auch die Designer-Szene zu Hause ist. Und nicht zu vergessen: Schmuck, nicht nur am Ponte Vecchio von Florenz, wo die eher traditionellen Geschäfte und ein paar zu Souvenirläden hinab gerutschte zu finden sind. Auch für Desginer-Schmuck gibt es gute Adressen.

Culinaria

Delikatessen und Enoteche

Agliana (D 4)

Macelleria Marini
Loc. Ferrucia d´Agliana
An der Hauptstraße des kleinen Nestes und nicht zu übersehen ist die Metzgerei von Marco Adriano Marini, der in Italien zu den Besten seines Faches zählt. (Metzgertradition seit 1904). Ihre Spezialitäten: Schinken, Wurst und vor allem die *Coppa di testa*, eine Art toscanischen Presssack.

Albinia (E 11)

Antica Fattoria La Parrina
Loc. La Parrina/Via Aurelia bei km 146
Eines der größten privaten Landgüter Italiens mit einem Laden, der alle Vorstellungen von Frische übertrifft; auch Wein und Eingelegtes wird außer Käse, Obst und Gemüse angeboten (s. S. 88).

Bibbona (C 7)

Antico Frantoio Toscano
Nahe der berühmten Zypressen-Allee von Bolgheri befindet sich landeinwärts diese traditionell arbeitende Presse, in der alle Kenner aus der Umgebung von Guido Pecciani und seine Familie ihre Oliven zu kostbarem Öl verarbeiten lassen.

Castelnuovo dell´Abate (F 8)

Osteria del Bassomondo
Via Bassomondo
Vasco Sassetti ist berühmt für die urige Osteria nahe Montalcino (s. S. 125), doch fast alles, was hier verarbeitet wird, produziert er selber: u.a. Montalcino-Weine, Olivenöl, Wurst, Schinken, Pecorino. Man kann alles den ganzen Tag über im kleinen Laden der Osteria kaufen oder davor an einem der kleinen Tische eine Brotzeit zu sich nehmen.

Tipp

Die Märkte von Florenz... (E5)
Außer den Stadtteilmärkten, die im Freien stattfinden, verdienen in Florenz die beiden Markhallen eine besondere Erwähnung. Am bekanntesten ist der Mercato Centrale San Lorenzo, zentral im San Lorenzo-Viertel gelegen und umgeben von netten kleinen Trattorie. Doch fast noch interessanter ist der Mercato Sant'Ambrogio am östlichen Stadtrand, der noch volkstümlicher geblieben ist und wegen seiner Lage den Bauern und Kleinproduzenten aus dem Umland ermöglicht, mit ihren Wagen vorzufahren, die frische Ware sozusagen direkt aus ihnen anzubieten. Morgens sind die beiden Märkte die besten Einkaufsadressen für frisches Obst und Gemüse sowie alle echt-toscanischen Lebensmittel – außerdem die schönsten Plätze, an einem Marktstand einen Florentiner Snack neben Florentinern zu genießen. Berühmt im San Lorenzo-Markt ist zu Recht das »Nerbone«, schon in aller Herrgottsfrühe von Marktleuten belagert.

... und andere Märkte
Schwerpunkt des Marktes von Livorno (B 6) sind natürlich Fische und Meeresfrüchte, desgleichen des Fischereihafens Porto Santo Stefano (E 11) ziemlich weit im Süden auf dem Monte Argentario. Leider wurde Sienas (E 7) schöne ovale Markthalle gleich hinter dem Rathaus inzwischen aufgelöst. Nur die Fischhändler dürfen noch zweimal in der Woche (Di + Fr) hier ihre Ware feilbieten.

Colonnata/Carrara (A 3)

Alimentari Guadagni
Via Fossacava 9
Ganz feinen, selbst gemachten *Lardo di Colonnata* bekommt man in dieser netten Familien-Metzgerei im dafür berühmt gewordenen Marmorarbeiter-Dorf oberhalb von Carrara, zu ganz normalen Preisen, was man woanders nicht gerade behaupten kann...

Cortona (G/H 7)

Antica Drogheria
Via Nazionale 3
Marsilia Rofani führt in ihrem hübschen Geschäft ein feines Sortiment von Weinen und Grappe sowie andere Getränken und typischen Produkten der Region.

Florenz (E 5)

La Norcineria
Via Sant'Antonio 19–21r
Verkauf von Fleisch aus eigener Schlachtung sowie von selbst produzierten Wurstwaren und Käse.

Tipp

Vivoli
Das beste Eis von Florenz, das in der Fußgängerzone nun wahrlich nicht arm an Eisdielen ist, muss man suchen. Denn es wird in der Via Isola delle Stinche 7 (vom Rathaus Richtung Santa Croce) produziert (Mo geschlossen).

Tipp

Vecchio Mulino

Es ist eine der umwerfendsten Osterie der Toscana, und Andrea Bertucci ein hinreißender Typ, ohne den der Laden direkt an der Durchgangsstraße des Hauptortes der Garfagnana nur halb so aufregend wäre! Das Besondere daran sind nicht einmal die köstlichen und wirklich genuinen Spezialitäten, die man in diesem Familienbetrieb zu kosten bekommt – das Besondere ist, dass das Vecchio Mulino tatsächlich noch den Einheimischen gehört, von ihnen zu ihren Zeiten frequentiert wird: morgens für den ersten kleinen Wein, mittags für ein einfaches und doch leckeres Mahl, so man hier nur arbeitet und weiter weg wohnt, frühabends zum Aperitivo.
Castelnuovo Garfagnana (B 3), Via Vittorio Emanuele 12, Mo–Sa 7.30–20.30/21 Uhr; im Sommer So offen, dafür Mo zu.

Cantinetta Antinori
Piazza Antinori, s. S. 99

Enoteca di Verrazzano
Via Calzaiuoli, s. S. 98f.

Enoteca Alessi
Via dell'Oache 27–29r
Im Herzen von Florenz in einer Seitengasse nahe dem Dom in elegant restaurierten Räumen kann man hier Wein probieren und sich ausführlich – bei einigem Glück sogar vom Wein-Narr Giorgio Alessi – beraten lassen, der sich nicht nur mit den großen Weinen der Region auskennt. Nebenan gehört dazu eine verführerisch ›süße‹ Abteilung, schließlich heißt der Untertitel des Ladens Bottiglieria – Dolciumi...

Vinattiere
Via Sant´ Antonino 47
Die kleine Weinhandlung der Brüder Simone und Mario Zanobini gehört zu den bescheidenen Adressen, in denen man in Ruhe gut beraten wird, bevor man eine Flasche Wein oder mehr kauft.

Livorno (B 6)

Enoteca DOC
Via Goldoni 40–44
In-Treff bis spät in die Nacht für Livorneser, die einen guten Wein trinken und dazu eine Kleinigkeit essen möchten; die erlesenen Flaschen kann man auch zum Mitnehmen kaufen.

Lucca (B 4)

Antica Bottega di Propseo
Via Santa Lucia 13
Alles an Getreide und Mehl, das die Lucchesi für ihre Küche benötigen, scheinen sie hier in diesem kleinen traditionellen Laden zu kaufen; er ist immer gedrängt voll und eine echte Sehenswürdigkeit.

Montalcino (F 8)

Enoteca La Fortezza
Fortezza
Am Rande des Weinortes Montalcino erhebt sich die herrliche Festung, in deren dicken Mauern die Enothek die glas-

weise Verkostung vor allem der Brunello-Weine ermöglicht; man kann dazu an dunklen Holztischen auch eine Kleinigkeit zu essen bekommen sowie Weine und andere typisch regionale Produkte wie Pecorino, Schinken, Wurst und Gebäck kaufen.

Montepulciano (G 8)

Silvana Cugusi
Via delle Bocce 8
Zwischen Montepulciano und Pienza produziert die aus Sardinien stammende Familie Cugusi seit zwei Generationen ihren »Pecorino di Pienza«, immer wieder mit neuen Ideen (in Kastanienblättern oder Trester gelagert, mit scharfem Pfeffer oder Peperoncino eingerieben etc.) – immer aber bieten sie einen perfekten Pecorino, eine lecker-frische Ricotta u.a.m, tagsüber braucht man nur an der Tür zur Käserei zu läuten. Oder man kauft alles im kleinen Laden der Cugusi in Montepulciano an der Via Gracciano nel Corso ein.

Panzano (E 6)

Enoteca del Chianti Classico
Via da Verrazzano 8/10
Hier findet man eine Riesenauswahl der Chianti Classico-Weine (238 Produzenten!), aber auch aus Montepulciano, Montalcino sowie von anderen italienischen (und ein paar ausländischen) Kellereien, außerdem Grappa, Olivenöl, Vinsanto, Schaumweine, Marmeladen, Honig, Salse etc.

Pienza (G 8)

Empore delle Fattorie
Via Pian del Mandorlo 2
Die besten Produzenten von genuinen Lebensmitteln und Weinen, zum größten Teil aus der Toscana, haben sich werblich zusammengetan und vermarkten von hier aus ihre Waren.

La Bottega del Naturalista
Corso Rossellino 16
Erlesene Naturprodukte wie Honig und Olivenöl, Schinken und Pecorino aus eigener Produktion und Kräuter-Amaro nach Klosterrezepten, in sehr hübschen Auslagen.

San Casciano Val di Pesa (E 5)

Consorzio Olio Extravergine di Oliva
Via Scopeti 155, Loc. Sant´Andrea in Percussina
Olivenöl aus Früchten, die vor Ort direkt vom Baum gepflückt wurden, garantiert der Zusammenschluss der Olivenölproduzenten im Zeichen des »Olio Extravergine di Oliva Chianti Classico«.

Tipp

Die besten Cafés von Florenz
Am teuersten aber auch am schönsten sitzt man in und auf den Terrassen vor den drei Super-Cafés von Florenz. Noch am ehesten *Caffè* geblieben im italienischen Sinne ist das »Rivoire« (8–24 Uhr, Mo geschl.) mit eigener Schokoladen- bzw. Pralinenproduktion direkt an der Piazza della Signoria. Die anderen Herzeige-Cafés stehen an der Piazza della Repubblica, bieten auch Restaurantbetrieb: das »Gilli« (7.30–1 Uhr, Di geschl.) bereits seit 1733 und das »Paszkowski« (7–1 Uhr, Mo geschl.), abends mit Piano-Bar.

Tipp

Warum ist das Olivenöl so gesund?

Das beste Olivenöl wird aus Oliven gewonnen, die in 400 bis 500 m Höhe wachsen, weil sie dort ungestört von der Olivenfliege reifen können. Es ist eher Geschmackssache, welches der Toscana-Gebiete das bessere Olivenöl hervorbringt. Generell gilt: Luccheser Olivenöl ist dünnflüssig und fruchtig, das aus dem Chianti würzig und elegant, der lehmige Boden der Maremma bringt ein kräftig grünes Olivenöl hervor, das dickflüssig ist und einen intensiven Geschmack hat. Also wäre es z.B. frisch zu Fischgerichten völlig falsch eingesetzt – weshalb Kenner verschiedene Olivenöle benutzen.

Von Blättern und Zweigen getrennt, werden die handgepflückten Oliven, deren Haut für das hochwertigste Olivenöl nicht verletzt sein darf, gewaschen und im sogenannten Kollergang von hochkant rotierenden Mühlsteinen gemahlen. Ohne jeden Zusatz wird die Olivenmaische kalt gepresst, und zwar nur ein einziges Mal. Fruchtwasser und das Öl der Olive werden in einer Zentrifuge getrennt und das so gewonnene Olivenöl entweder trüb belassen oder gefiltert – was keinen Einfluss auf die Qualität, wohl aber auf die Farbe und Klarheit hat.

1990 hat die EU Richtlinien für die Prüfung und Klassifizierung des Olivenöls erlassen (nach Geruch, Geschmack, Farbe und Gehalt an freien Fettsäuren). Einwandfreie Resultate ergeben das native, das sogenannte jungfräuliche Olivenöl (ital. *extravergine*) als höchste Einstufung, gefolgt vom nativen Olivenöl ohne Zusatz. Höchstens 1 % Säuregehalt ist bei *extra vergine* zulässig, beim *Olio extra vergine di oliva DOC di Toscana* (durch selber auferlegte strengere Bestimmung also) aber höchstens 0,7 %, bei *vergine* generell 2 %.

Olio di oliva extravergine besitzt bis zu 80 % einfach ungesättigte Fettsäuren, die zwischen ›gutem‹ und ›bösem‹ Cholesterin unterscheiden: Das gute lassen sie in Ruhe, das böse senken sie. Das Olivenöl selber hat pro Gramm neun kcal, das native zwölf mg Vitamin E pro 100 g.

Olivenöle sind bei richtiger, also dunkler und kühler Lagerung (10–16 Grad wären ideal) mindestens 18 Monate haltbar. Im Kühlschrank wird das Öl meistens flockig-trüb, bei Raumtemperatur schnell wieder klar, was der Qualität nicht schadet.

Fattoria Corzano & Paterno
Loc. San Pancrazio
An neuen Käsesorten, die mit wenig oder mehr Lab z.B. wie Ziegenkäse schmecken, wird unter der Marke »Rocco« experimentiert, obwohl außer Milch, Salz und Lab nichts hinzu gefügt wird.

Siena (E 7)

Antica Pizzicheria de´ Miccoli
Via di Città 93/95
Ein wunderbar voll gestopfter Laden mit Sieneser Wurstwaren aus eigener Produktion, Schinken, Pecorino, Eingelegtem etc. am sehenswerten Palazzo della Chigiana direkt an der Fußgän-

gerzone. Man kann sich Panini frisch zubereiten lassen.

Dolci Senesi
Piazza del Campo 3/4
Mit Blick auf das Rathaus auf der rechten Seite der schönen Piazza befindet sich dieser kleine Laden voller Süßigkeiten, mit denen Siena Bürger und Gäste zu verführen versteht...

Enoteca Italiana
Fortezza Medicea
In den herrlich-trutzigen Gewölben der Medici-Festung am westlichen Rand der Altstadt kann man alle DOC-Weine Italiens probieren – von den Produzenten, die hier Mitglieder sind, und außerdem Kleinigkeiten essen.

Morbidi
Via Banchi di Sopra 73–75 und Via Banchi di Sotto 27
»Salumeria Gastronomia« nennen sich die herrlichen Läden, voll mit allen erdenklichen Leckereien der Toscana, in denen sich nicht wenige Hausfrauen mit fertigen oder vorgefertigten Gerichten eindecken. Auch in Olivenöl Konserviertes ist zu haben, und neben Wurst und Schinken auch Pecorino und Wein.

Volterra (D 6)

Pasticceria Anichini
Via Ricciarelli 4–6
Brot und feines Gebäck gibt es täglich frisch in dieser kleinen Bäckerei-Konditorei im historischen Zentrum von Volterra, auch noch sehr hübsch verpackt.

Weingüter

Bolgheri (C 7)

Tenuta di Belvedere
Loc. Belvedere 140
Auf dem Weingut der Familie produzieren die Florentiner Marchesi Antinori Spitzenweine, z.B. den Cabernet »Gualdo al Tasso« und einen Vermentino.

Ornellaia
Via Bolgherese 191
Im Handel fast nicht zu bekommen ist der berühmte »Ornellaia«, der hier vom Marchese Ludovico Antinori produziert wird, höchstens in besten Restaurants zu Schwindel erregenden Preisen.

San Guido
Loc. Capanne 27
Marchese Nicola Incisa stellt einen einzigen Wein her, aber diesen hat er zur höchsten Perfektion gebracht: den Cabernet »Sassicaia«, den er bescheiden Tafelwein nennt.

Carmignano (D 4)

Tenuta di Capezzana
Via di Capezzana 100
Conte Ugo Contini Bonacossi und seine kinderreiche Familie produzieren auf dem wunderschönen Landgut mit der großartigen Renaisssancevilla wie schon seit 250 Jahren hervorragende Carmignano-Weine, Vinsanto sowie Olivenöl. Verkauf bzw. Organisation von Versand am Eingang zum Landgut.

Castellina in Chianti (E 6)

Castello di Fonterutoli
Loc. Fonterutoli, Via Rossini 5
Ganz berühmt haben die Brüder Mazzei

ihr historisches Weingut durch den »Siepi«, eine Riserva aus Sangiovese-Trauben mit wenig Cabernet-Zusatz gemacht.

Nittardi
Loc. Nittardi
Der Offenbacher PR-Fachmann und Galerist Peter Femfert, der hier einen puren Sangiovese-Chianti produzieren läßt, macht im Sommer aus Castellina einen In-Treff für ›Kultur-Arbeiter‹.

Castelnuovo Berardegna (F 7)

Fattoria Felsina
Loc. Felsina an der SS 484
Nicht nur eine Augenweide, sondern auch ein Hort perfekter Chianti-Produktion ist das herrlich gelegene historische Landgut; der Tafelwein »Fontalloro« ist ebenso ein körperreicher Chianti wie der Riserva »Rancia«.

Gaiole in Chianti (F 6)

Poggio Antinora
Loc. Antinora
Was auch immer neuerdings als Sangiovese pur auf dem kleinen Weingut am Ende einer Staubstraße produziert wird, kann sich sehen lassen und gilt in Kennerkreisen als Geheimtipp.

Castello di Brolio
Loc. Castello di Brolio
Francesco Ricasoli bringt mit Hilfe bester Önologen Spitzenweine auf den Markt, aber auch gute preiswerte Chianti-Klassiker. In der Probierstube vor dem Castello zu kosten und zu kaufen.

Greve in Chianti (E 5/6)

Castelo di Verrazzano
Loc. Castello di Verrazzano
Schon die Auffahrt über die Zypressenallee lohnt den Besuch auf dem Castello der Adelsfamilie von Verrazzano (Ferienwohnungen!) und zu ihrer Probierstube (möglichst Voranmeldung). Giovanni da Verrazzano entdeckte übrigens im 16. Jh. die Küste Nordamerikas.

Fattoria di Rignana
Via di Rignana 15, Loc. Rignana
Chianti Classico vom kleinen Weingut in herrlicher Lage, von Cosimo Gericke bereits in der zweiten Generation mit viel Engagement produziert. Auch in der angegliederten Trattoria zu probieren (s. S. 109).

Lecchi in Chianti (E/F 6)

Castello di Ama
Loc. Ama
Rekordverdächtig sind die Preise, die für eine Flasche des Ama-Weines verlangt werden, auch wenn es sich um relativ normale, aber immer perfekte Chianti Classico-Weine handelt.

Massa Marittima (D 8)

Morris Farms
Loc. Curanuova
Unter den DOC-Weinen der Maremma im Anbaugebiet des Morellino di Scansano dürften diejenigen von den ausgedehnten Morris Farms die besten sein. Der hier produzierte Sangiovese-Cabernet »Avvoltore« gilt als der Hit der Gegend überhaupt.

Montalcino (F 8)

Altesino
Loc. Torrenieri
Fast alle auf dem großartig im Norden von Montalcino gelegenen Pferde- und Weingut produzierten Weine gelten nach einer ›Erholungspause‹ als perfekt,

Einkaufen/Culinaria

Tipp

Schlemmen bei den Sagre

Kulinarisch gefärbte Feste werden in der Toscana besonders häufig gefeiert. Da sie regional sehr verschieden sind und natürlich von dem abhängen, was gerade reift oder geschlachtet wird, sollte man sich unbedingt erkundigen, was in der Nachbarschaft der Ferienunterkunft stattfindet.

Um Ostern herum etwa in Montecatini Alto die »Festa della Fettunta«, wo dann der ganze hübsche Ort nach gerösteten Brotscheiben mit Knoblauch und Olivenöl duftet. Oder im August die »Festa della Bistecca« in Cortona, bei der unglaubliche Mengen von Chianina-Steaks auf einem Riesenrost gegrillt werden – dass den Leuten im ganzen Chiana-Tal das Wasser im Munde zusammen läuft...

Die meisten Feste dieser Art, die einst mit Kirchweihe zu tun hatten, finden normalerweise in kleinen Ortschaften statt.:
Ende Mai »Sagra dei Pici« im winzigen **Celle sul Rigo** nahe Radicofani
Erste Juni-Woche »Sagra del Pecorino« in **Chiusure**
Erster Sonntag im Juli »Sagra della Polenta« in **Vivo d´Orcia**
Zweites Juli-Wochenende »Sagra del Crostino Toscano« in **Mercatino**
Erster August-Sonntag »Sagra del Crostino« in **Castiglione d´Orcia**
Sonntag nach dem 15. August, »Sagra del Raviolo« in **Radicofani**
Erste September-Hälfte »Sagra del Fungo« in **Pievescola**
Zweite September-Hälfte »Sagra del Fungo Porcino« in **Campiglia d´Orcia**
Letzte September-Woche »Sagra dell´Uva e del Vino« in **Chiusi**
Letzter September-Sonntag »Sagra del Marrone« in **Campiglia d´Orcia**
Letzter Oktober-Sonntag »Sagra del Tordo« in **Montalcino**
An allen November-Wochenenden »Sagra della Castagna« in **Piancastagnaio**
Zweite November-Hälfte »Mostra Mercato del Tartufo bianco delle Crete senesi« in **San Giovanni d´Asso**
Drei letzte Wochenenden im November »Mostra Mercato del Tartufo« in **San Miniato al Tedesco,** die wichtigste Trüffelmesse der Region

vor allem die Brunello-Riserva und die Tafelweine.

Banfi
Loc. Sant´Angelo Scalo
Von den weitläufigen Ländereien des Castello Banfi kommen Spitzenweine, vor allem Brunello.

Biondi Santi
Loc. Greppo
Jacopo Biondi Santi als der Jüngste der Begründer-Familie oder ›Erfinder‹ des »Brunello di Montalcino« hat eine eigene Weinproduktion z.T. mit Trauben vom nahen Weingut Poggio Salvi, mit denen er aber hervorragende Kredenzen zaubert.

La Campana
Loc. La Campana
In der kleinen Kellerei von Peris Mignarri wird ein köstlicher Rosso di Montalcino gekeltert.

Einkaufen/Culinaria

Case Basse
Via Santa Restituta
Es ist ein Mailänder Versicherungsmakler, der hier Brunello vom Feinsten keltern läßt – geradezu wuchtig schmeckende, schwere Weine.

Ciacci Piccolomini d´Aragona
Loc. Castelnuovo dell´Abate
Borgo di Mezzo 62
Große Brunello-Weine von kleinen Lagen, vermarktet vom klassisch-schönen Renaissancepalast mitten im Ort aus.

Fattoria dei Barbi
Loc. Podernovi
Großes Landgut mit berühmter, ausgewogener Brunello-Produktion; zu Füßen von Montalcino kann man die Trattoria mit Plätzen im Freien genießen und sich im Verkaufsladen u. a. mit Wein eindecken.

Vasco Sasstti
Loc. Castelnuovo dell´Abate
Vielseitiger Weinproduzent, s. auch Osteria del Bassomondo S. 125

Montecarlo (C 4)

Fattoria del Buonamico
Via Provinciale 43
Gute trockene Weißweine von Vasco Grassi, einem Pionier für innovative toscanische Weine.

Montepulciano (G 8)

Avignonesi
Via di Gracciano nel Corso 91
Dem Nobile di Montepulciano gilt natürlich das Hauptanliegen der alt eingesessenen Kellerei im Ortszentrum, in der man Wein probieren und kaufen kann. Verkauf auch von Grappa und Olivenöl.

Tipp

Frescobaldis Pomino-Weine

Die eher aus Montalcino als Weinproduzenten bekannten Frescobaldi, die bereits im 13. Jh. zum bedeutendsten Adel von Florenz gehörten, erzeugen im Rufina nördlich von Pontassieve und östlich von Florenz den wunderbaren »Pomino«. Ursprünglich aus Sangiovese-Trauben gekeltert, die jedoch in den Höhenlagen des Rufina, früher als Pomino bezeichnet, nur schlecht gediehen. Daher ersetzte man bereits Mitte des 19. Jh. die Rebkulturen durch Sauvignon, Merlot, Pinot Noir und Pinot Blanc sowie Chardonnay. So entstanden Weine, die zu den besten der Toscana gehören, ohne dass sie außerhalb der Region bislang besondere Beachtung erlangt hätten. Was soll letzten Endes auch die verwirrende Bezeichnung des Gebietes als »Chianti Rufina«? Die Frescobaldi-Weine aus dem Rufina-Gebiet, die man unbedingt probieren sollte, sind der weiße »Pomino Il Benefizio« (hauptsächlich aus Chardonnay) und der »Pomino Rosso« aus Cabernet Sauvignon, Pinot Noir und Merlot, vom Gambero Rosso immerhin mit je zwei Gläsern bedacht, während der »Chianti Rufina Montesodi« der Frescobaldi drei Gläser erhielt.

Contucci
Via San Donato 15
Im schönen Renaissancepalazzo Contucci am Rande der Piazza Grande ist allein schon der große Weinkeller mit seinen riesigen Holzfässern eine Sehenswürdigkeit, der einer der ältesten

Einkaufen/Culinaria

Familien von Montepulciano gehört; Weinprobe von Nobile di Montepulciano und Verkauf.

Crociani
Via del Poiliziano 15
Einer der kleinsten Weinproduzenten von Nobile di Montepulciano bietet gute Tropfen zum Verkauf und zur Weinprobe in einer sympathisch-kleinen Kellerei (auch Grappa) an.

Montespertoli (D 5)

Castello di Poppiano
Via di Pezzana 43
Schöne ausgewogene Chianti Classico-Weine wie der pure Sangiovese »Tosco Forte« oder der zu 90 Prozent aus der alten und wieder entdeckten toscanischen Traube Syrah mit zehn Prozent Sangiovese gekelterte »Syrah«, werden von den Guicciardini auf ihrem historischen Landgut mit dem trutzigen Schloss gekeltert, das ihrer Familie immerhin nachweislich seit 1150 gehört.

Tavarnelle Val di Pesa (E 5)

Antinori
Loc. Badia a Passignano
Was wäre der Chianti Classico ohne den Marchese Piero Antinori? Er hat ihm den nötigen Schwung verpasst, und die Ländereien seiner Familie erheblich vergrößert, so dass man heute vom größten Weinproduzenten Italiens spricht. Immer zuverlässig sind der junge Chianti Classico »Pèppoli« und der barriquebetonte Riserva »Badia a Passignano« ebenso wie der fabelhafte »Tenuta Marchesi Antinori«, nur noch übertroffen von den beiden hochpreisigen, aus Cabernet und Sangiovese hergestellten »Tignanello« und »Solaia«, die geradezu rationiert werden, um wenigstens die besten Restaurants und die Freunde des Hauses damit eindecken zu können.

Einkaufen/Alles für Haus und Garten

Alles für Haus und Garten

Terracotta und Anderes

Colle Val d'Elsa (E 6)

Mezzetti
Via Oberdan 13
Ausstellung und Verkauf von Kristallwaren aus den bekanntesten Fabriken von Colle Val d'Elsa.

Vilca
Loc. Gracciano, Via Bandiera 53
Kunsthandwerklich gefertigtes Kristallglas, vor allem formschöne Gläser, Dekantierflaschen, Vasen und Schalen.

Florenz (E 5)

Gi.mar
Via Lambertesca 22r
Typisch Florentiner Kunsthandwerk aus Marmor, Bronze und Terracotta, Kristall und Porzellan.

Artstudio
Via Maggio 41r
Originalstiche und Drucke, speziell Architektur-Veduten sowie Blumen und Pflanzen.

Il Torchio
Via dei Bardi 17
Buchbinderei, handgeschöpftes und dekoriertes Papier – ganz feine Geschenke wie Bilderalben, Tagebücher und Rahmen auch aus Leder und Pergament.

Pineider
*Piazza della Signoria 12r und
Via Tornabuoni 76r*
Büttenpapier mit persönlichen Monogrammen u.a. Spezialwünschen.

Armando Poggi
Via Calzaiuoli 103r und 116r
Wedgwood, Herend, Richard Ginori, Meissen, Llardo, Royal Copenhagen, Baccarat, Lalique, Alessi, Murano-Glas und italienische Keramik – Glas und Porzellan vom Feinsten.

Ugo Poggi
Via Strozzi

Einkaufen/Alles für Haus und Garten

Tipp

Antiquitätenmessen

Anghiari: jeden zweiten Sonntag des Monats (März–November); einmal jährlich (letzte Apri-Dekade) »Mostra Mercato dell´ Artigianato della Valtiberina Toscana«

Arezzo: »Fiera Antiquariato« erstes Wochenende jeden Monats

Barga: »Mercato dell´Artigianato« jeden zweiten Sonntag des Monats

Castelnuovo Berardegna: »Angolo del Collezionista«, Fiera dell´Usato (Flohmarkt) im Dörfchen San Gusmè Juni bis Oktober jeden vierten Sonntag des Monats

Castiglion Fiorentino: »La Piazza del Collezionista« außer Juli und August jeden zweiten Sonntag des Monats

Cécina: »Mercatino del Corso« außer Juli jeden letzten Sonntag des Monats

Dicomano: »Mercato dell´Usato e dell´Antiquariato del Mugello e Val di Sieve« jeden dritten Sonntag des Monats

Florenz: »Mercato Usato e Antiquariato« auf der Piazza dei Ciompi letzter Sonntag des Monats

Lucca: »Arti e mestieri«, Kunsthandwerk auf der Piazza San Giusto letztes Wochenende des Monats, sowie großer Antiquitätenmarkt rings um den Dom drittes Wochenende

Marina di Grosseto: »Mercato Antiquariato« dritter und vierter Sonntag des Monats

Pisa: »Mercatino Antiquariato« zweites Wochenende des Monats außer Juli und August

Pistoia: »Mercato dell´antiquariato« zweites Wochenende des Monats außer Juli und August

San Miniato: »Mercato dell´antiquariato e del piccolo collezionista« jeden ersten Sonntags des Monats

Siena: »Mercatino del collezionista« auf der Piazza Mercato am dritten Sonntag jeden Monats

Signa: »Mercatino dell´antiquariato e modernariato« jeden letzten Sonntag des Monats außer im Juli und August

Viareggio: »Mercato antiquariato« auf der Piazza Manzoni letzter Sonntag jeden Monats

---

Seit 1922 führt das Familienunternehmen feinstes und exklusives Porzellan von den besten italienischen und ausländischen Produzenten.

Pescia (C 4)

Oscar Tintori
Loc. Castellare di Pescia
Vis Tiro a Segno 37
Riesenauswahl an dekorativen Zitruspflanzen in Töpfen, die in dieser Baumschule auch für den Export gezogen werden.

Pitigliano (F/G 10)

La Legatoria
Via Zuccarelli 60
An der Hauptgasse des früheren Gettos in der schönen Stadt auf hohem Tuffelsen findet man die kleine Buchbinderei, die liebevoll historische Motive für ihre kostbaren Geschenkideen aussucht:

Einkaufen/Alles für Haus und Garten

> ### Tipp
>
> **Prato: Einkaufsbummel in den Textilfabriken**
> Eine kleine Faltbroschüre des Verkehrsamtes von Prato bietet Adressen für einen Einkaufsbummel, den sich Mode-Bewusste nicht entgehen lassen sollten: sechs Fabriken mit einem unterschiedlichen Sortiment von Damen- und Herrenkleidung, von Haushaltswäsche, Strickwaren, Cashmere und andere Wollstrickwaren sowie Accessoires. Die Broschüre findet man in guten Hotels oder beim APT di Prato, Via Cairoli 48, Tel.+Fax 0039-0574 24112.

Tagebücher oder Schreibtisch-Sets, Bleistifte und Kästchen aller Größen etc.

Regello (F 5)

Bettini Vasco
Loc. Cascia, Via Latini 69
Handgefertige, schön geformte Terracotta-Waren für Haus und Garten.

Torrita di Siena (G 7)

Terrecotte San Rocco
Loc. Guardavalle 61
Kleine Terracotta-Fabrik mit preiswerten und sehr hübschen Ideen für die Gartengestaltung.

Volterra (D 6)

Rossi Alabastri
Via del Mandorlo
Seit 1912 wird in dieser wohl bekanntesten Werkstadt innerhalb der Stadtmauer von Volterra die traditionelle Alabaster-Produktion betrieben; man kann den Meistern und ihren Helfern über die Schulter schauen und von kunsthandwerklich Wertvollem bis zum schauderhaften Kitsch so ziemlich alles kaufen.

Tisch- und Bettwäsche

Florenz (E 5)

Busatti Firenze
Lungarno Torrigiani 11r
Feinste Handarbeit, bestes traditionelles Kunsthandwerk für Bad und Bett, Tisch und Fensterdekoration aus Flachs und Baumwolle, Hanf und Wolle. Teure aber zeitlos schöne Stoffe nach historischen Motiven.

Casa dei Tessuti
Via de´ Pecori 20–24r
Große Auswahl an Haute Couture-Stoffen in eigener Fabrikation seit 1929 (nahe dem Dom).

Frette
Via Cavour 2
Luxuriöse Leinen-Bettwäsche (mit Filialen in Mailand, Rom und Venedig).

Mazzoni
Via Orsanmichele 14r und Viale Don Minzoni 13r
Eine der ersten Adressen für Bettwäsche, Tagesdecken, Gardinen, Badetücher und -mäntel immerhin schon seit 1890. Hauptsächlich feinstes Florentiner Leinen.

Sansepolcro (H 5/6)

Busatti
Via Piero della Francesca 48a
Wie in Florenz eines der führenden

Häuser in Sachen Webstoffe für Bett, Tisch und Bad.

Il Telaio
Via Matteotti 18
Handgewebtes und traditionelle Spitzenarbeiten (Merletto) aus Sansepolcro, in dessen Scuola del Merletto noch immer diese Fertigkeit erlernt werden kann.

Kunstgalerien (s. auch Schmuck)

Florenz (E 5)

Biagiotti Arte Contemporanea
Via delle Belle Donne 39r

Faustini Arte
Borgo Ognissanti 64

Frilli
Via die Fossi

Girfalco Arte
Via Pisana 7r an der Porta Danto Stefano

Il Bisonte
Via San Niccolò 24/28r

Wilfredo Garzanti
Via Ghibellina 146r
(zugleich Galerie und Studio des Florentiner Malers und Bildhauers)

Ken´s Art Gallery
Via Lambertesca 15/17r

Masini
Piazza Goldoni 6r

Mentana
Piazza Mentana 2/3r

Pananti
Piazza Santa Croce 8

Pitti Immagine Discovery
Via Faenza 111

Spinetti
Chiasso Armagnati 2

Mode, Lederwaren und Schmuck

Mode

Florenz (E 5)

Brioni
Via Calimala 22r
Eine der Top-Adressen in Florenz (mit Filialen in Rom und New York).

Cabó
Via Porta Rossa 7
Damen- und Herrenmode der italienischen Marken Fendi, Missoni, Missoni Sport und Krizia (tgl. geöffnet).

Conte of Florence
Via Por Santa Maria 15r
Modisches und Sportkleidung, fast schon ein Traditionsgeschäft (seit 1952) im Herzen von Florenz.

NadiNe
Lungarno Acciaioli 22/28r
Sportkleidung und Wäsche speziell von Versacce, Armani und Dolce e Cabbana.

Loro Piana
Via della Vigna Nuova 37r
Cashmere vom Feinsten.

H. Neuber
Via Tornabuoni 17
Mode-Tradition für Damen und Herren seit 1886 (mit Filiale in Montecatini Terme).

Ugolini & Figli
Via Calzaiuoli 65r (Uomo) und Via Calzaiuoli 68r (Donna)
Die beiden Geschäfte gehören zu den feinsten und teuersten Modeläden Italiens, ein traditionelles Familienunternehmen (seit 1896), das berühmte, nicht nur italienische Marken führt.

VIP
Borgognissanti 15/17 und Lungarno Vespucci 6r
Eigene Strickwaren-Kreationen aber auch Mode von bekannten Herstellern wie Dolce e Cabbana, Moschino, Fendi und Schuhe von Calvin Klein.

Lederwaren

Florenz (E 5)

Anna
Piazza Pitti 38–40r
Eher jugendliche, aktuelle Ledermode.

Antica Cuoieria
Via del Corso 48r
Schuhe und feine Leder-Accessoires aus bester Florentiner Handwerkstradition.

Beltrami
Via Tornabuoni 48r
Feinste Lederwaren wie Schuhe und Kleidung, Taschen und andere Accessoires sowie Reisegepäck (Koffer u. ä.).

Bemporad
Via Calzaiuoli 11–17r
Große Auswahl an modischer Lederkleidung von Markenherstellern.

Bonora
Via del Parione 11/13r
Seit 1878 werden von der Firma Schuhe nach Maß von Hand gefertigt.

John F.
Lungarno Corsini 2
Feine Lederkleidung für Damen und Herren (tgl. geöffnet)

Peruzzi
Borgo de´ Greci 8–20r
In der Lederfabrik kann man Schuhe, Taschen, Gürtel, Handschuhe und Kleidung zu Fabrikpreisen kaufen. Daneben auch Modeartikel und Parfums sowie Sonnenbrillen

Pusateri
Via Calzaiuoli 25r
Die zartesten Lederhandschuhe und einige wenige Accessoires direkt in der Fußgängerzone.

Scuola del Cuoio
Kloster Santa Croce
In den Klostermauern von Santa Croce befindet sich die bekannteste Leder-Schule von Florenz mit Verkaufsausstellung der hier produzierten Lederkleidung, Taschen etc.

Schmuck

Florenz (5)

Alessandro Dari
Via San Niccolò 115r
Nur seine eigenen, wundervollen Kreationen verkauft der Künstler im volkstümlichen Viertel San Niccolò: Schmuck, Skulpturen oder Schmuck-Skulpturen – man hat die Wahl der Bezeichnung. Immer wieder stellt er Themenausstellungen zusammen, etwa »Gioielli in musica« – Musikinstrumente als Schmuck.

Damiani
Via de´ Tornabuoni 30/32r
Feine Juwelier-Artikel, traditionell und modern (mit Filialen in vielen Metropolen der Welt).

Paolo Lapini
Via Cimatori 34r
Eigene Schmuck-Produktion »Paolo Lapini design«, auch eine große Sammlung von Uhren-Antiquitäten.

Ugo Piccini
Via Por Santa Maria 9/11r
Auch hier Schmuck mit bekannten Namen, aber auch Eigenproduktion der Werkstatt von Piccini.

Kulinarischer Sprachführer

italienisch	deutsch
aceto/aceto balsamico	Essig/Balsamessig
acido	sauer
affettato	Aufschnitt, als toscanische Vorspeisen (*Antipasto toscano*) mit Sauergemüse
affumicato	geräuchert
aglio	Knoblauch
acqua, acqua minerale	Wasser, Mineralwasser
acquacotta	Suppe der Maremma mit Gemüse, Olivenöl, altbackenem Brot und Eiern
acqua vite	Schnaps (aus ganzen Früchten)
agnello	Lamm
amaro	bitter
anatra (oder anitra)	Ente
aragosta	Languste
arrosto	Braten
asparagi	Spargel
aspro	herb, sauer
baccalà	getrockneter, gesalzener Klippfisch
bevanda; bibita	Getränk; meist nicht alkoholisch
bietola	Mangold
birra	Bier
biscotti	Plätzchen, s. auch *cantucci*
bistecca	Beefsteak
bistecca fiorentina	T-Bone-Steak nach Florentiner Art, vom Chiana-Rind
bocconcini	Leckerbissen, auch Ragout aus Kalbfleisch mit Gemüse
boscaiola, alla	nach Holzfällerart, hier mit Pilzen und Tomatensoße
bovino	(junges) Rind
brace, alla	auf Holzkohlenglut
braciato, brasato	Schmorbraten
braciola	Lenden- oder Rückenstück/Rostbraten
branzino	Wolfsbarsch
brodo	Brühe aus Fleisch, Gemüse oder Fisch

Kulinarischer Sprachführer

bruschetta	dicke Scheibe vom toscanischen Weißbrot, geröstet und mit Knoblauch eingerieben, mit Olivenöl beträufelt
budino	süßer Pudding
bue	Ochse
burro	Butter
cacciagone	Wildbret
cacciatore, alla	nach Jägerart, also Hähnchen, Kaninchen oder Lamm mit Wein, Knoblauch und Rosmarin scharf angebraten
caciotta	halbfester Schnittkäse aus Kuh-, Schafs- oder Ziegenmilch
cacciucco alla livornese	reichhaltige Fischsuppe aus Livorno
caffè	Kaffeehaus, Espresso
corretto	Espresso mit einem Schuss Alkoholischem, meist Grappa
macchiato	›geschminkter‹ Espresso, mit etwas geschäumter Milch
caffèlatte	Milchkaffee
calamaro	Tintenfisch
caldo	warm
cantina	Weinkeller, auch Weinausschank
cantucci	Mandelgebäck, in Vinsanto zu tunken
cappone	Kapaun, also kastrierter Masthahn
capretto	Zicklein, Milchkitz
cappuccino	Espresso mit aufgeschäumter Milch und etwas Kakao
capriolo	Rehbock
carciofo	Artischocke
carne	Fleisch
carpaccio	hauchdünn geschnittenes mageres rohes Fleisch (Rind oder Kalb) oder vom Fisch
casalinga	hausgemacht
castagna	Edelkastanie
castagnaccio	Kastanienkuchen
ceci, cecina	Kichererbsen, Kichererbsenfladen
cee	Glasaale, ganz jung und winzig, mariniert oder mit Knoblauch in Öl frittiert
cena	Abendessen
cervello	Hirn von Schlachttieren
cervo	Damhirsch
Chianina	weißes Rind aus der Val di Chiana
cinghiale	Wildschwein
cipolla	Zwiebel

Kulinarischer Sprachführer

coda di rospo	Seeteufel-Schwanz
colazione	Mahlzeit
prima colazione	Frühstück
seconda colazione	Mittagessen
collo di pollo, d´oca	Hühner- oder Gänsehals, mit gehacktem Fleisch und Gewürzen gefüllt
colomba, colombino	Taube
coniglio	Kaninchen
conto	Rechnung
costa	Rippe
costoletta	Kotelett
cozza	Miesmuschel
crespella	salziger Pfannkuchen aus Weizenmehl
crostacei	Krustentiere
crostata	vor oder nach dem Backen belegter Kuchen aus dünnem Mürbeteig
crostino	dünne Brotscheibe mit Belag
crudo	roh
cucina casalinga	Hausmannskost
cuore	Herz
daino	Damtier
dentice	Zahnbrasse
dolci	Süßspeisen
enoteca	Weinsammlung, auch Weinausschank, Probierstube
equino	Pferdefleisch
espresso	der – kurze kräftige – italienische Kaffe schlechthin
fagiano	Fasan
fagioli lessi	gekochte weiße Bohnen
faraona	Perlhuhn
farcito	gefüllt
farinata	Fladen aus Kichererbsenmehl
farro	Dinkel
fava	Saubohne
fegatino	Hühnerleber
fegato	Leber
ferri, ai	vom Rost, gegrillt
fettina	kleine Scheibe
fettunta	s. *bruschetta*
fiaschetteria	Weinkeller, auch Weinhandlung
fico	Feige, Feigenbaum
finocchio	Fenchel

	Kulinarischer Sprachführer
finocchiona	grobe Schweinswurst mit Fenchelsamen und Knoblauch
fiorentina, bistecca alla	Florentiner T-Bone-Steak vom Holzkohlengrill
focaccina	kleines salziges, Pizza-ähnliches Gebäck
formaggio	Käse
forno, al forno	Backofen, gebacken
fragola	Erdbeere
frantoio	Ölpresse
freddo	kalt
frittata	Eierkuchen
fritto	in Öl oder Fett Gebackenes
frizzante	perlend, prickelnd
frutta	Obst, Früchte
frutti di mare	Meeresfrüchte
fungo, fungo porcino	Pilz, Steinpilz
galletto	junges Hähnchen
gallina, gallo	Huhn, alter Hahn
gambero	Garnele, Krebs
gastronomia	Feinschmecker-, Delikatessladen
gelateria, gelato	Eisdiele, Speiseeis, gefroren
ghiaccio	Eis (kein Speiseeis!)
gnocchi	kleine Nocken, meist aus Kartoffeln, aber auch aus Grieß
granchio	Krebs
grano	Korn, meist Weizen gemeint
grappa	Tresterschnaps, s. auch *acqua vite*
grappolo	Traube
grasso	fett
grigliata mista	gemischter Grill, Fleisch vom Rost
grissino	knusprige dünne Stange aus Brotteig
grotta, grotto	Grotte, auch Weinkeller und -schenke
imbottito	gefüllt (z.B. Brötchen), gestopft
infuso	Tee, Aufguss
insalata, insalatiera	Salat, Salatschüssel
invecchiato	gelagert, gealtert, abgelagert (Wein)
involtino	Roulade
labro	Lippfisch
lampone	Himbeere
lampredotto	Kalbskutteln, Florentiner Spezialität
lardo di Colonnata	weißer Speck aus Colonnata
lasagne	breite Teigblätter, mit Fleisch, Gemüse, Eiern gefüllt und überbacken

Kulinarischer Sprachführer

latte di mucca, di pecora	Kuhmilch, Schafsmilch
lauro	Lorbeer
legumi	Hülsenfrüchte
lenticchie	Linsen
lepre	Feldhase
limone, limonata	Zitrone, Zitronenwasser, Limonade
lingua	Zunge
liscio	pur, bei Wasser ohne Kohlensäure
lista del giorno, lista dei vini	Tagesmenü, Weinkarte
litro, mezzo	Liter, halber Liter
locanda	Gasthaus für einfache Ansprüche
lombatina	Rückenstück vom Kalb
lombo	Rücken vom Schwein
lumaca	Schnecke
macedonia	Fruchtsalat, nur aus frischen Früchten
macelleria	Metzgerei
maggiorana	Majoran
magro	mager
maiale, maialino	Schwein, Schweinefleisch, Jungschwein
maialino di latte	Spanferkel
malfatti	Knödel oder Nockerln
maltagliati	unregelmäßig geschnittene Nudeln
malvasia	Malvasier-Traube
mancia	Trinkgeld
mandorla	Mandel
mangiare	essen
mantovana	toscanischer Hefekuchen mit Mandelsplittern
manzo	Rind, Ochse, Rindfleisch
maremmane	große weiße Rinder mit langen Hörnern aus der Maremma
marinara, alla	nach Seemannsart (mit Tomatensoße, Kräutern, Oliven, Kapern und Anchovis)
marinata	Marinade
marrone	Edelkastanie
marzolino	Käse aus reifer Schafsmilch
mascarpone	sahniger Doppelrahmkäse
matriciana	würzig-scharfe Soße
mela	Apfel
melagrana	Granatapfel
melanzana	Aubergine/Eierfrucht
melone	Melone
menta	Minze
mercato	Markt

Kulinarischer Sprachführer

merenda	Imbiss
merluzzo	Dorsch, Kabeljau
mescita	Ausschank, Trinkstube
mezzogiorno	Mittag
miele	Honig
milza	Milz
minestra	Suppe
minestrone	dicke Gemüsesuppe
mirtillo nero	Heidelbeere
mollusco	essbares Weichtier wie Tintenfisch und Meeresschnecke
mora	Brombeere
moscardini	winzig kleine Tintenfische
mucca	Milchkuh, Kuhfleisch
mullo	Seebarbe
neccio	kleiner Fladen aus Kastanienmehl
nespola	Mispel
nocciola, noce	Haselnuss, Walnuss
nodino	Scheibe vom Kalbskarree mit Lendenstück und Filet am Knochen
non troppo cotto	nicht zu sehr durchbraten, medium
nota	Rechnung
oca	Gans
olio, di oliva, d´oliva	Öl, Olivenöl
oliva	Olive
orata	Goldbrasse
ortaggi	Gemüse
ortica	Brennnessel
orzo	Gerste
ossobuco	Kalbshachsenscheibe mit Markknochen
oste, osteria	Gastwirt, Wirtshaus/ Weinausschank mit einfachem Essen
ostrica	Auster
ovino	Schaf, Lamm
paesana, alla	nach Bäuerin-Art
pagare	bezahlen
pancetta	Bauchspeck
pane	Brot
panettone	weihnachtlicher Hefekuchen
panforte	Pfefferkuchen/Lebkuchen aus Siena
panificio	Bäckerei
panino, ripieno, imbottato	Brötchen, belegtes Brötchen
panna, panna cotta	Sahne, Süßspeise aus Sahne-Creme

Kulinarischer Sprachführer

pan toscano	toscanisches, ungesalzenes Weißbrot
panzanella	toscanische Tomaten-Brotsuppe
pappa col pomodoro	Tomatensuppe mit altbackenem Brot
pappardelle	breite Nudeln aus Hartweizengrieß
passato	Gemüsepüree
pasta	Teig, Nudeln, Teigwaren
pasticceria	Feinbäckerei, Konditorei; Gebäck
patata	Kartoffel
pecora	ausgewachsenes Schaf
pecorino	Schafskäse
penne	kurze, diagonal geschnittene Röhrennudeln
pepe	Pfeffer
peperonata	Gemüse-Ragout aus gemischtem Gemüse
peperoncino	kleine Pfefferschoten
peperone	Paprikaschote
peposo	mit Pfeffer gewürztes Schmorgericht aus minderwertigem, aber schmackhaftem Schweinefleisch
pera	Birne
pernice	Rebhuhn
persico	Flussbarsch
pescatore, alla	nach Fischer-Art: Teigwaren oder Reis mit Meeresfrüchten
pescatrice	Seeteufel
pesce	Fisch
pesto	grüne Kräuterpaste, original aus Wildbasilikum, Pinienkernen und Olivenöl mit Pecorino (Ligurien)
petto	Brust
piada, piadina	belegter, heißer Teigfladen
piatto, del giorno	Teller, Gericht, Tagesgericht
piccione	Taube
pici (oder pinci)	handgerollte Nudeln (Chiana-Tal)
pinolo	Pinienkern
pinzimonio	Vorspeise aus knackig-frischem Gemüse mit einer Olivenöl-Pfeffer- und Salz-Soße zum Eintunken
pisello	Erbse
pizza, pizzaiolo	Pizza, Pizza-Bäcker
polenta	Maisbrei
polipo	Krake, achtarmiger Tintenfisch
pollo, pollame	Hähnchen, Geflügel
polpetta	Klößchen, Frikadelle
polpo	Krake, Tintenfisch

Kulinarischer Sprachführer

pomodoro	Tomate
porco	Schwein
pranzo	Mittagessen
prezzemolo	Petersilie
primo (piatto)	erster Gang
prosciutto	Schinken
prugna	Pflaume
puttanesca, alla	nach ›Dirnen-Art‹; Teigwaren mit einer Soße aus Tomaten, Pfefferschoten, Knoblauch, schwarze Oliven, Sardellen und Kapern
ragù	Schmorgericht
ramerino	Rosmarin
raveggiolo	Frischkäse aus gestockter Milch
ravioli	gefüllte Teigtaschen
ribollita	Suppe aus Schwarzkohl und Bohnen, über altbackenem Brot angerichtet
ricciarello	Mandel-Marzipangebäck aus Siena
ricotta	Frischkäse aus Molke
rifugio, refugio	Herberge in den Bergen, Almhütte
rigatoni	kurze gerillte Röhrennudeln
rippieno	Füllung, Farce; gefüllt
Riserva	Qualitätswein, der mindestens drei Jahre reifen muss
Riso, risotto	Reis, Reisgericht
ristoro	Stärkung, Erfrischung; früher Lebensmittelladen mit Tabakverkauf, Weinausschank etc.
ritrovo	Treffpunkt, beliebtes Lokal
rombo	Plattfisch wie Steinbutt, weiß, edel
rosso	rot; Rotwein
rosticceria	Rostbraterei, inzwischen z.T. feine Imbissstube
rucola, ruchetta	Ranunkel für Salat und als Soße
salamino di cinghiale	Würstchen aus Wildschweinfleisch
salare, salato; sale, saliera	salzen, salzig; Salz, Salzfass
salmone	Lachs
salsa	Soße in allen Variationen
salsiccia	Würstchen
salume, salumi	Wurst aus grob geschnittenem oder durch den Fleischwolf gedrehtem Schweinefleisch
salvia	Salbei
sampietro	Petersfisch

Kulinarischer Sprachführer

sarago, sargo	Brassen
sarda, sardina	Sardine
scampo	Kaisergranat
schiacciata	Fladen aus Brotteig, salzig oder süß
scorfano	Drachenkopf
scorzone	schwarze Trüffel, im Geschmack nicht so ausgeprägt wie der echte schwarze, ganzjährig zu finden
scottiglia	Schmorgericht aus kleinen Fleischstücken mit Gemüse und Rotwein
secco	trocken; bei Wein herb
selvaggina	Wildbret
seppia	Tintenfisch, zehnarmiger
sfoglia, sfogliata	Blätterteig, Blätterteiggebäck
sformatino	Auflauf, Pudding
sogliola	Seezunge
sopprassata, sopressata	Presskopf, Presssack
sottaceto	in Essig und Gewürze Eingelegtes
sottobosco	z.B. Eis mit Waldfrüchten
sott´olio	in Olivenöl Eingelegtes, Angemachtes
sotto spirito	in Alkohol Eingelegtes
spalla	Schulter, Bug vom Kalb, Schaf etc.
specialità della casa, locale	Spezialität des Hauses, der Gegend
spezzatino	Schmorgericht, eine Art Gulasch
spiedino	Spieß, Spießchen (von Fisch, Fleisch und/oder Gemüse)
spiedo	Grillspieß
spigola	Wolfs- bzw. Seebarsch
spinaci	Spinat
spremuta	frisch gepresster Fruchtsaft
spuma	Schaum, Schaumcreme
spumante	Sekt; schäumend, moussierend
sstinco	Keule
stoccafisso	Stockfisch
stracchino	weicher Frischkäse aus Kuhmilch
stracciatella	Fleischbrühe mit geschlagenem Ei
stracotto	Rinderschmorbraten; auch zerkocht
stravecchio	sehr alt, bei Wein und Grappa gelagert
stuzzichino	Appetithäppchen
succo, succoso	Fruchtsaft, saftig
suino	Schwein
tacchina, tacchino	Pute, Truthahn
tagliata	Rinds-Lendenstück, Roastbeef u.ä., gegrillt oder gebraten und dann in Scheiben geschnitten und angerichtet

Kulinarischer Sprachführer

tagliatelle	breite Nudeln
taglierini	sehr dünne Bandnudeln
taleggio	halbfester aromatischer Käse aus Kuhmilch
tartufo	Trüffel
tenuta	Land- und Weingut
timo	Thymian
tonno	Thunfisch
torcolo	Teigkranz aus Eiercreme mit kandierten Früchten, Rosinen und Pinienkernen
torone	Nougat, auf Volksfesten sehr beliebt
tortelli, tortellini	gefüllte Teigtaschen
tortino	kleiner Auflauf, Eierkuchen, Törtchen
toscanelli	weiße Bohnen
totano	zehnarmiger Tintenfisch, etwas zäher und weniger geschmacksintensiv als der *calamaro*
tramezzino	dreieckiges Sandwich
triglia alla livornese	Meerbarbe nach Livorneser Art
trippa	Kutteln
trota	Forelle
uccelletto, all´	weiße Bohnen mit Olivenöl, Knoblauch, Salbei und Tomatenpüree
umido, in	Schmorbraten
uovo	Ei
uva	Trauben
uvetta	Rosine
vacca	Kuh, Kuhfleisch
vecchio	alt; abgelagert
vendemmia	Weinlese, Traubenernte
vendita	Verkauf
verde	grün, unreif
verdura	Gemüse
vino	Wein
frizzante	Perlwein
vinsanto	›heiliger Wein‹, Dessertwein
vitello	Kalb, Kalbfleisch
vongola	Venusmuschel
zucca	Kürbis
zucchero	Zucker
zuppa	Suppe, auch für Süßspeise wie die Rum-schwere *zuppa inglese*

Tipps und Adressen

Tipps und Adressen

Golfplätze

Golf Club dell´Acquabona
57037 Portoferraio, Insel Elba (GR)
Tel.+ Fax 0565 940066
9 Löcher, 5144 m, Par 68/SSS 67, Green fee 60 000–65 000 ITL

Golf Club Casentino
Via Fiorenzola 6, Loc. Palazzo
52014 Poppi (AR)
Tel. 0575 529810, Fax 0575 520167
9 Löcher, 2775 m, Par 36/SSS69, Green fee werktags 45 000 ITL, feiertags 55 000 ITL

Tenuta Castelfalfi
Località Castelfalfi
50050 Montaione (PT)
Tel. 0571 698094, Fax 0571 698098
18 Löcher, 6345 m, Par 73/SSS71, Green fee 80 000 ITL

Cosmopolitan Golf & Country Club
Viale Pisorno 60
56018 Tirrenia (PI)
Tel. 050 33663, Fax 050 384707
18 Löcher, 6291 m, Par 72/SSS 72, Green fee werktags 70 000 ITL, feiertags 80 000 ITL

Golf Club Fontevivo
Via Fontevivo 5
56027 San Miniato (PT)
Tel.+Fax 0571 419012
9 Löcher, 1892 m, Par 62/SSS 60, Green fee 30.000 ITL

Golf Club Garfagnana
Località Braccicorti
55100 Pieve Fosciana (LU)
Tel.+ Fax 0583 644242
6 Löcher, 720 m, Par 54, Green fee 25 000 ITL

Circolo Golf Maremmello
Loc. Maremmello
58010 Fonteblanda (GR)
Tel.+ Fax 0564 885463
9 Löcher, 2781 m, Par 72/SSS68, Green fee 40 000–50 000 ITL

Montecatini Golf Club
Località Pievaccia
Via dei Brogi
51015 Monsummano Terme (PT)
Tel. 0572 62218, Fax 0572 617435
18 Löcher, 5932 m, Par 72/SSS 71, Green fee werktags 70 000–85 000 ITL, feiertags 80 000–95 000 ITL

Le Pavoniere Golf Club
Via della Fattoria 629
50014 Prato (PO)
Tel.0574 620855, Fax 0574 624558
18 Löcher, 6137 m, Par 72/SSS 72, Green fee werktags 70 000 ITL, feiertags 90 000 ITL

Poggio dei Medici Golf & Country Club
Via San Gavino 27
50038 Scarperia (FI)
Tel. 055 8430436, Fax 055 8430439
18 Löcher, 6367 m, Par 73, Green fee werktags 95 000 ITL, feiertags 110 000 ITL

Golf Club Punta Ala
Via del Golf 1
58040 Punta Ala (GR)
Tel. 0564 922121, Fax 0564 920182
18 Löcher, 6168 m, Par 72/SSS 72, Green fee werktags 60 000–90 000 ITL, feiertags 80 000–100 000 ITL

Golf Club Tirrenia
Viale San Guido
56018 Tirrenia (PI)
Tel. 050 37518, Fax 050 33286
9 Löcher, 3030 m, Par 36/SSS 36, Green fee werktags 60 000–70 000 ITL je nach Saison, feiertags 70 000 ITL

Golf dell'Ugolino
Strada Chiantigiana 3
50015 Grassina (FI)
Tel. 055 2301009, Fax 055 2301141
18 Löcher, 5676 m, Par 72/SSS 70, Green fee werktags 95 000 ITL feiertags 110 000 ITL

Versilia Golf Club
Via della Sipe 40
55045 Pietrasanta (LU)
Tel. 0584 881574, Fax 0584 752272
18 Löcher, 5998 m, Par 72/SSS 72, Green fee werktags 70 000 ITL, feiertags 80 000 ITL

Reiter-Ferien

Antico Casale di Scansano,
58054 Scansano (GR), Tel. 0564 507219, Fax 0564 507805, Internet: www.cavalloweb.it/scansano.htm
Landhotel mit einfachen Zimmern und gutem Restaurant auf einem Weingut mit großem Reitstall in wunderschöner Lage inmitten der Weinberge des Morellino di Scansano; für Reitstunden und Trekking auf dem Pferderücken.

Associazione Equestre Poggio a Vescine,
53017 Radda in Chianti,
Tel. 0577 740419
Reitstall mit Imbiss-Stube mitten im Chianti in 630 m Höhe. Stundenweise Ausritte und/oder Reitunterricht; auch Verleih von Mountainbikes.

Centro Equilazione Vecchio Texas
Loc. San Michele a Pavelli
50063 Figline Valdarno,
Tel. + Fax 055 959126
Großer Reitstall mit mehr als 50 Pferden für Unterricht und Ausflüge.

Centro Ippico Il Cannuccio – La Locaia
Tel. 0577 317069, Handy 0333 2522449
In günstiger Lage für Landurlauber in der Montagnola zwischen Siena und Sovicille, Reitstall für Reitunterricht und stundenweise oder Ganztages-Ausritte.

Rifugio Prategiano
Località Prategiano 45,
58026 Montieri,
Tel. 0566 997700, Fax 0566 997891,
E-Mail proberto@ouverture.it
Unkomplizierte Reiterferien in einem angenehmen Landhotel mit schlichten Zimmern und italienischer Hausmannskost; hier gibt es keine Sprachprobleme, denn das Reiterhotel inmitten der wilden, waldreichen Maremma steht unter deutscher Leitung.

Reise-Service

Anreise und Ankunft

Die meisten Toscana-Reisende kommen mit dem eigenen Wagen, wer das Flugzeug benutzt, kann von Deutschland aus direkt nach **Florenz** oder **Pisa** fliegen, beide stadtnahe Flughäfen mit gutem Transfer in die Zentren bzw. zu den Bahnhöfen für die evtl. Weiterfahrt. **Leihwagen** sollte man unbedingt vorbuchen, weil in der Toscana fast immer Saison ist und es dann an Leihwagen fehlt. Die Bahnanreise in die Toscana ist lang und mit Ausnahme von Florenz normalerweise umständlich.

Ausweispapiere

Gültigen Reisepass oder Ausweis benötigen auch EU-Bürger, Nicht-EU-Bürger können sich bis zu drei Monaten ohne Visum in Italien aufhalten. Zum Autofahren genügt der nationale oder der EU-Führerschein. Für den Wagen sollte man die Grüne Versicherungskarte dabei haben.

Diplomatische Vertretungen in Florenz

Honorarkonsulat der Bundesrepublik Deutschland, Lungarno Vespucci 30, Tel. 055 294722; Konsulat der Republik Österreich, Via de´ Servi 9, Tel. 055 215352; Schweizerisches Konsulat, Piazzale Galileo 5, Tel. 055 222434 (c/o Parkhotel).

Information

In den größeren Städten APT-Büros an den wichtigsten Punkten/Piazze; in den kleineren touristisch wichtigen Ortschaften Pro Loco, meist nur zur Saison und stundenweise geöffnet. Auf den Flughäfen und den großen Bahnhöfen Information und Hotelbuchung möglich. Azienda di Promozione Turistica APT in Florenz:
Via Manzoni 16
Mo–Sa 8.30–13.30 Uhr
Die Toscana im Internet:
www.Regione.Toscana.it

Spezialanbieter von ländlichen Toscana-Ferien

Kaum eine andere italienische Region wird von so vielen Reiseveranstaltern und Organisationen angeboten wie die Toscana. Ein paar Beispiele:

Case in Italia mit Ferienhäusern und Landhotels (Mönchsgasse 2, 977662 Hammelburg, Tel. 09732-91880, Fax 09732-780399).

Cuendet ist sicher noch immer der größte Anbieter von Ferienhäusern und -wohnungen in der Toscana (in Reisebüros und bei Agenturen zu buchen).

Interhome mit »Vacanze Toscana & Italia con Solemar«, über die Mailänder Zentrale (Tel. 0030-02 4839141) oder deutsche Reisebüros zu buchen.

Klassik Tour, Esslinger Straße 4–6, 70182 Stuttgart, Tel. 0711-2489933, Fax 0711-24899350; Landgüter, Ferienhäuser und Bauernhöfe im Grünen und am Meer sowie auf Elba.

Reise-Service

Olimar Reisen hat ein wirklich sensibel ausgesuchtes Angebot vor allem an Landhotels zusammengestellt, aber auch an Ferienhäusern in ländlichen Gebieten: Unter Goldschmied 6, 50667 Köln, Tel. 0221-205900 (auch in Reisebüros).

Touristik-Service Renate Drescher ist ein kleiner Toscana-Spezialist mit einem handverlesenen Angebot an ländlichen Hotels und Ferienhäusern (Marienstraße 18, D-80331 München, Tel. 089-29160506, Fax 089-29160498).

TUI mit einem ausgewogenen Toscana-Angebot an Ferienhäusern und auch ländlichen Hotels innerhalb des Italien-Kataloges (auch im Dr.Tigges-Studienreisenkatalog), auch Schlemmer-Touren durch die Region (in Reisebüros).

Toscanische Anbieter

Maremontimarmo für die nördliche Toscana-Riviera der Provinz Massa-Carrara, www.toscana-mare.it und www.toscana-mare.com

Consorzio Valtiberina Toscana Promuove mit Schwerpunkt im Tibertal, www.capitol.it/cornsorzio

Consorzio Valli Senesi dell´Ombrone vor allem mit Landgütern und Ferienhäusern im Ombrone-Tal, www.vallisenesi.com

Sogno Toscano mit Schwerpunkt Südost-Toscana, www.utenti.tripod.it/verdidea

Terra di Val d´Orcia mit Schwerpunkt Orcia-Tal im Süden der Toscana, Via Dante Alighieri 33, I-53027 San Quirico d´Orcia (SI), Tel. 0577 899005.

The Best in Tuscany, Infos unter www.wel.it/BestTuscany

Toscana Mare vom Consorzio Tirreno Promo Tour, www.myway.it

Toscana Montespertoli mit Ferienhäusern südwestlich von Florenz, www.explorer.it/citvin/montespertoli/home.htm

Volterra, Val di Chiana, Valdera mit Schwerpunkt Volterra-Umland, www.volterratur.it

Organisationen regionaler Agrituismo-Anbieter

Agriturist Toscana, Turismo Verde Toscana und Terranostra Toscana, alle mit Sitz in Florenz und im Internet unter www.agriturismo.regione.toscana.it erreichbar.

Verkehrsregeln

Höchstgeschwindigkeit innerorts 50 oder 60 km/h je nach Tafeln, auf Landstraßen 90 km/h, auf vierspurigen Landstraßen/Superstrade 90–110 km/h je nach Beschilderung, auf Autobahnen je nach Vorschrift 110–130 km/h. Es besteht Gurt- und für Motorräder Helmpflicht. Promillegrenze 0,8; bei einem Unfall Strafe auch bei weniger.

Register

Abbadia San Salvatore 79
Abbazia di Monte Oliveto Maggiore 31, 119
Agliana 146, 146
Albinia 88f.
Anghiari 116, 157
Arezzo 75, 157
Artimino 18f., 103

Bagni di Lucca 21
Bagni San Filippo 79
Bagno Vignoni 77
Baldovino 99
Barga 21, 157
Barberino di Mugello 102
Bibbona 146
Bolgheri 151
Borgo San Lorenzo 16f.

Cacciucco alla Livornese 81
Cafaggiolo 29
Caldana 86
Camaiore 26f., 138f.
Campiglia d'Orcia 153
Campiglia Marittima 84
Capalbio 91, 132
Carmignana 151
Castagnaccio 29
Castagneto Carducci 134
Castelfalfi 69
Castelfiorentino 69
Castellina in Chianti 56ff., 111f., 151f.
Castello di Brolio
Castello di Cafaggiolo 17
Castello di Meleto 47
Castello di Nipozzano 15
Castelnuovo Berardegna 52f., 152, 157
Castelnuovo dell'Abate 146
Castelnuovo Garfagnana 148

Castiglion Fiorentino 73, 157
Castiglioncello 80f., 83, 136
Castiglioncello del Trinoro 79
Castiglione della Pescaia 87
Castiglione d'Orcia 153
Cavriglia, Parco Zoo di 71
Cécina 82f., 157
Celle sul Rigo 79, 153
Cerbaia Val di Pesca 104
Certaldo 69, 107
Chianti 37, 38, 39, 47
Chiusi 79, 153
Chiusure 153
Col Val d'Elsa 33, 37, 62f., 108, 156
Colonnata di Carrara 25, 140, 147
Cortona 72f., 118, 147, 153
Cosa Ansedonia 89
Croce di Pratomagno 71
Culinaria 146ff.

Delikatessen 146ff.
Dicomano 157

Elba 85, 172
Enoteca Italiana 33
Enoteche 146ff.

Fattoria Felsina 53
Fiesole 12f.
Figline Valdarno 173
Florenz 13, 14f., 98, 147f., 149, 156f., 158, 159, 160f.
Follónica 87
Fonteblanda 172
Fuoriporta 98

Gaiole in Chianti 46ff., 113, 152
Gallicano 141
Gallo Nero 41

176

Garfagnana 21
Giardino die Tarocchi 91
Giglio 91
Golfplätze 172f.
Grassina 173
Greve in Chianti 50f., 109, 152
Grotta del Vento 21

Hotels
– Agrihotel Elisabetta (bei Cécina) 82
– Albergo del Chianti, Greve in Chianti 50
– Andia Paradiso (bei San Marcello Pistoiese) 28
– Antica Fattoria La Parrina (bei Albinia) 88
– Belvedere San Leonino (bei Castellina in Chianti) 58
– Borgo di Toiano (bei Sovicille) 44
– Borgo Pretale (bei Sovicille) 42
– Borgo San Felice (bei Castelnuovo Berardenga) 52
– Castello di Spaltenna (bei Gaiole in Chianti) 48
– Certosa di Maggiano, Siena 11, 30
– Collefertile (bei Borgo San Lorenzo) 16
– Il Chiostro di Pienza, Pienza 76
– Il Falconiere (bei Cortona) 72
– Il Pellicano, Porto Ercole 90
– L'Ultimo Mulino (bei Gaiole in Chianti) 46
– La Palazzina, Loc. Le Vigne (bei Radicofani) 78
– Locanda dell'Amorosa (bei Monte Sansovino) 74
– Montebelli (bei Caldana-Gavorrano) 86
– Monteriggioni, Monteriggioni 36
– Paggeria Medicea, Artimino 18
– Palazzo Mannaioni, Montaione 68
– Pescille (bei San Gimignano) 62
– Relais La Suvera, Pievescola/Casole Val d'Elsa 66
– Salivolpi (bei Castellina in Chianti) 56
– San Lorenzo (bei Pescia) 22
– Tenuta La Bandita (bei Sasseta) 84
– Vignale in Radda in Chianti 54
– Villa Alessandra (bei Lucca) 20
– Villa Ariston, Lido di Camaiore 24
– Villa Casalecchi, Castellina 60
– Villa Gli Astri (bei Camaiore) 26
– Villa Godilonda, Castiglionecello 80
– Villa Il Leccio, Strada in Chianti 38
– Villa La Massa, Florenz 14
– Villa Patrizia, Siena 34
– Villa Rigacci in Regello (bei Arezzo) 70
– Villa Rioddi (bei Volterra) 64
– Villa San Lucchese (bei Poggibonsi) 40
– Villa San Michele, Fiesole 12
– Villa Scacciapensierei, Siena 32

Lago di Massaccuccoli 25
Larderello 65
Lecchi in Chianti 152
Lido di Camaiore 24f.
Livorno 81, 147, 148
Lizzano Pistoiese 28f.
Lucca 20f., 148, 157

Magliano in Toscana 130
Maremma 87, 91
Marina di Grosseto 157
Massa Marittima 86, 131, 152
Mazzola 62
Mercatino 153
Mescita 98
Montagnola 44f.
Montaione 68f., 172
Montalcino 77, 124ff., 148f., 152ff., 153, 154
Montanara 72
Monte Amiata 79
Monte Argentario 89, 90
Montecarlo 154
Montecattini Alto 153
Montefollónico 121
Montelupo Fiorentino 19
Montepulciano 31, 75, 123, 149

Monteriggioni 33, 36f., 41, 114
Montespertoli 154
Montesummano Terme 172
Montichiello 122
Monti dell´Uccellina 87, 91
Montieri 173
Montisi 120
Mugello 13

Orbetello 89
Orgia 45

Pescia 22f., 157
Piancastagnaio 153
Pienza 31, 76f., 149
Pietrabuona 23
Poppi 172
Pietrasanta 173
Pievescola 66f., 153
Piombino 85
Pisa 157
Pistoia 157
Pitigliano 128, 157f.
Poggibonsi 40f.
Pogio a Caisano 19
Pontassieve 100
Poppi 172
Populonia 85
Porto Ercole 90
Porto Santo Stefano 89, 91, 147
Prato 158, 172
Pratomagno 71
Punta Ala 87, 173

Radda in Chianti 54f., 110, 173
Radicofani 78, 153
Regello 70f., 158
Reiterhöfe 173
Restaurants
– Al Ritrovo del Platano, Gallicano (bei Castelnuovo Garfagnana) 141
– Antica Trattoria Aurora, Magliano in Toscana 130
– Antica Trattoria Papei, Siena 115
– Badia a Coltibuono (bei Gaiole in Chianti) 113
– Bagnoli (bei Castagneto Carducci) 134
– Bracali, Ghirlanda (bei Massa Marittima) 131
– Castello di Sorci (bei Anghiari) 116
– Da Delfina, Artimino 103
– Da Maria, Capalbio 132
– Da Venanzio, Colonnata 140
– Da Ventura, Sansepolcro 117
– Gambero Rosso, San Vincenzo 133
– Gattabuia, Rosignano Marittimo 135
– Il Mulino, Semproniano 127
– Il Pestello (bei Castellina in Chianti) 111
– Il Pozzo, Monteriggioni 114
– Il Pozzo, Sant´ Angelo in Colle (bei Montalcino) 126
– Il Tufo Alegro, Pitigliano 128
– L´Albergaccio, Castellina in Chianti 112
– L´Antica Trattoria, Colle Val d´Elsa 108
– L´Osteria, Baddiaccia a Montemuro (bei Radda in Chianti) 110
– La Cantina, Scansano 129
– La Cantinetta del Nonno, San Casciano Val di Pesa 106
– La Cantinetta di Rignana (bei Greve in Chianti) 109
– La Casellina (bei Pontasieve) 100
– La Chiusa, Montefollónico 121
– La Dogana, Cappezzano Pianore (bei Camaiore) 139
– La Grotta, San Biagio (bei Montepulciano) 123
– La Romita, Montisi 120
– La Tenda Rossa, Cerbaia 104
– La Torre, Monte Oliveto Maggiore 119
– Le Monache, Camaiore 138
– Nonna Isola, Castiglioncello 136
– Osteria del Bassomondo, Castelnuovo dell´Abate (bei Montalcino) 125
– Osteria del Vicario, Certaldo 107
– Osteria Girodibacco, Cafaggiolo 102

Register

- Poggio Antico (bei Montalcino)   124
- Relais il Falconiere (bei Cortona)   118
- Romano, Viareggio   137
- Taverla di Moranda, Montichiello   122

Rosa del Trinoro   79
Rosignano Marittimo   135

San Casciano Val di Pesa   106, 149f.
San Galgano   31, 45, 67
San Gimignano   37, 62f.
San Giovanni d'Asso   153
San Lucchese   37
San Quirico d´Orcia   77
Sant´Antimo   77
San Silvestro   85
San Vincenzo   133
San Miniato   69, 153, 157, 172
San Rocco a Pilli   45
Sansepolcro   117, 158f.
Sassetta   84
Scansano   129, 173
Scarperia   172
Semproniano   127
Siena   30ff., 58, 60, 115, 147, 150f., 157

Signa   157
Sinalunga   74f.
Sovicille   42ff.
Strada di Catelli   47, 53
Strada in Chianti   38f.

Taglia Etrusca   89
Tavarnelle Val di Pesa   154
Tegoia   45
Tirrenia   172, 173
Tómbolo di Feníglia   89
Torre del Lago   25
Torri   45, 67
Torrita di Siena   158

Ugolino   15, 39

Vággio   71
Val di Córnia   85
Vallombrosa   71
Versilia   25
Viareggio   25, 27, 137, 157
Vinci   19
Vivo d'Orcia   153
Volterra   64, 151, 158

Weingüter   151ff.

Abbildungsnachweis

Luigi Caputo/laif, Köln   Umschlagabbildung Mitte
Eberhard Grames/Bilderberg, Hamburg   Umschlagabbildung oben

Alle anderen Abbildungen von **Gottfried Aigner,** München

Kartografie: Berndtson & Berndtson Productions GmbH, Fürstenfeldbruck
© DuMont Buchverlag, Köln

Bitte schreiben Sie uns, wenn sich etwas geändert hat!
Alle in diesem Buch enthaltenen Angaben wurden von der Autorin nach bestem Wissen erstellt und von ihr und dem Verlag mit größtmöglicher Sorgfalt überprüft. Gleichwohl sind – wie wir im Sinne des Produkthaftungsrechts betonen müssen – inhaltliche Fehler nicht vollständig auszuschließen. Daher erfolgen die Angaben ohne jegliche Verpflichtung oder Garantie des Verlages oder der Autorin. Beide übernehmen keinerlei Verantwortung und Haftung für etwaige inhaltliche Unstimmigkeiten. Wir bitten dafür um Verständnis und werden Korrekturhinweise gerne aufgreifen:

DuMont Buchverlag, Postfach 10 10 45, 50450 Köln
E-Mail: reise@dumontverlag.de

Die Deutsche Bibliothek – CIP-Einheitsaufnahme

Nenzel, Nana Claudia:
Mallorca : Landhotels & Restaurants, Weingüter, Einkaufen [mit großer Karte] / Nana Claudia Nenzel. -
-Köln : DuMont, 2000
(DuMont Reisen für Genießer)
ISBN 3-7701-5337-5

Grafisches Konzept: Groschwitz, Hamburg
© DuMont Buchverlag, Köln
1. Auflage 2000
Alle Rechte vorbehalten
Druck: Rasch, Bramsche
Buchbinderische Verarbeitung: Bramscher Buchbinder Betriebe

Printed in Germany   ISBN 3-7701-5337-5